RVR

E. A. Rauter

Mallorca

Das Land hinter der Bühne

Rasch und Röhring Verlag

CIP-Titelaufnahme der Deutschen Bibliothek

Rauter, Ernst A.:
Mallorca: d. Land hinter d. Bühne / E. A. Rauter. –
Hamburg: Rasch u. Röhring, 1988
ISBN 3-89136-191-2

Lektorat: Brigitte Beier
Umschlaggestaltung: Studio Reisenberger
Satzherstellung: alphabeta Gerds & Kohn GmbH, Hamburg
Druck- und Bindarbeiten: Ebner Ulm
Printed in Germany

Inhalt

Lehren in der Fremde

Im Wartezimmer eines Zahnarztes las ich, man könne in Mallorca während des Winters ein Haus mieten für dreizehn Mark im Monat, zusammen mit Wäsche, Geschirr, Möbeln. Es ist Jahre her. Ich ernährte und vergnügte mich durch die Erwerbsform, die man Zugreiseleiter nannte, begleitete programmiert in die Ferien Fahrende mit informativer Witzelei von den Hauptbahnhöfen der Strecke Dortmund–Bonn ins Moseltal oder zu dem Kleinkram von Zughaltestellen im Schwarzwald.

Ich habe Geborgenheit immer außerhalb der Gesellschaft gesucht. Mein Vater baute im weiten Hinterhof zwischen Mietskasernen einer Hauptverkehrsstraße in Karlsruhe ein Einfamilienhaus, viele Monate bewegte ich mich inmitten von Haufen roter Backsteine. Wenn ihr tot seid, sagte ich zur Stiefmutter, baue ich mir ein Haus. Ich stellte mir einen Raum vor aus locker aufgesta-

pelten Ziegeln, durch die der Wind pfeift und durch die ich Erwachsene beobachte. Das Wohnen wollte ich reduzieren auf die Freiheit eines Hundes. Des Vaters Haus mit den zivilisatorischen Eingeweiden, den verweichlichenden und korrumpierenden Zapfstellen für Wasser und Licht, war mir nicht Heimat genug. Die Erwartung, mit einem Griff Wasser aus der Wand laufen zu lassen, schien mir von Frivolität nicht frei. Das Frugale war das Gemütliche, asketische Überschaubarkeit mein Luxus. Die Freude an der Freiheit, die von der Verwahrlosung kommt, ist mir nie ganz vergangen.
Zum Saisonende fuhr eine lange Reihe leerer Liegewagen vom Kohlenrevier an der Ruhr zur französisch-spanischen Grenze, zum katalanischen Port Bou an der Costa Brava, die späten Urlaubskunden zurückzuholen in den westdeutschen Herbst. Ich mochte die Gedanken von dem unbekannten Haus auf Mallorca nicht lösen. Der Kollege der Spanienroute freute sich, daß ich ihm gegen die Einsamkeit in den dahinsausenden Abteilen Geselligkeit bieten wollte. In diese Reise zu sonnigem Pflichtvergessen ging ich mit einer Überspanntheit, die mich gegen alle Mahnungen praktischer Vernunft schützte. Ich beabsichtigte, vier bis fünf Monate im Süden denken zu gehen, und wollte meine schwachen Zweifel bezüglich meiner wirtschaftlichen Möglichkeiten

nicht gelten lassen. Ich muß an Wunder geglaubt haben, was die Kaufkraft der fünfhundert Mark angeht, die von meinem letzten Gehalt geblieben waren.

Ich richtete mir in dem verlassenen Zug ein Schreibzimmer ein, tippte auf einem Aluminiumtischchen mit Resopalplatte, zusammenklappbar und unter dem Fenster in die Wand zu stecken, einen langen Brief, der vor Begeisterung klirrte, an meine immer weiter im Norden wartende Frau, ich schrieb achthundert Kilometer an ihm. Die grellen Tinten der Herbstwälder des Elsaß, das Tal des Doubs mit den auf die Fahrgäste stürzenden Lärmkaskaden der Tunnel und die alte französische Provinz Dauphiné bereiteten mich vor, spanisch-mediterranes Leben tiefer in mich hereinzulassen.

Es ist eine Grobheit, mit dem Flugzeug anzukommen. Die kleinen Schritte der Selbstverwandlung während des Näherkommens entfallen, das Wachsen einer Antenne für das andere Land. Man ist nicht der richtige Mensch, wenn es zu schnell geht. Wer fliegt, läßt sich den Genuß nehmen, verändert zu werden. Die Routinegnade, die ihm schon am Flughafen zuteil wird, schränkt die Genußfähigkeit ein. Die Touristenmassen sind der Sinn knapper Kalkulation, die Pfenniggewinne jeder Einzelbuchung stauen sich unter den Nachfrageschüben zu Dividenden. Die permanent sich wiederholende Geschäftsabwicklung mit Hunderttausenden verleitet die Reiseagenten zu gedankenloser Bürokratenstrenge, das »Einchekken« ist eine Dompteurnummer. Die unfreundliche Freundlichkeit der Diener steigert die Gier der Käufer nach handfesten Gegenwerten: braunem Teint, preiswerten Einkaufsgelegenheiten, Liebedienerei der ausländischen Bürger, multiplen Geschlechtsfreuden und Trunkenheiten anderer Art. Die meisten bringen wenig Zeit mit, beschränken sich darauf, Klima und Strand, den Nebenaspekt der Fremde, zu sich zu nehmen wie eine Tablette.

In Palma knallte ich gegen die Sprachbarriere. Ich hatte mich ohne Kenntnisse des Spanischen auf den Weg gemacht, verließ mich darauf, die Fremdsprache an Ort und Stelle mehr oder weniger einzuatmen. Die Ausgaben für Schiff und Taxi erfüllten mich mit Angst, mit Selbstmitleid. Ich trug die Adresse des Insel-Oberreiseleiters der Touropa bei mir, mit dem unvergeßlichen Namen von Zieten, Hotel »Vista Alegre« – Heitere Aussicht. Der blonde Mittdreißiger – Ururenkel des preußischen Reitergenerals Hans Joachim von Zieten, der die Kavallerie Friedrich des Großen organisiert hatte – lag im Bett; ich stellte mich vor. Er suche jemanden, der seine Briefe schreibe. Es war kurz vor Mittag. Er wollte mir etwas zu essen bringen lassen. Drei Tage blieb ich sein Sekre-

tär bei Kost und Logis. Als ich mich wieder von ihm trennte, fand er mein Spanisch besser als seines. Er ließ sich durch meine Aussprache täuschen, ich verstand, mit meinem kümmerlichen Vokabelpfund zu wuchern.
Ein verbeulter Omnibus brachte mich ans andere Ende der Insel, von Zieten hielt das Fischerdorf Cala Ratjada mit seiner Umgebung für den schönsten Aufenthaltsort. Nach vier Stunden und achtzig Kilometern waren Insel und Tag zu Ende. Ehe ich begriff, war ich allein im Fahrzeug zurückgeblieben. Ich trug Schreibmaschine, Koffer, Tasche und einen Beutel schmutziger Wäsche hinaus in die Dunkelheit. Irgendwo in der Nähe rauschte das Meer. Kühler Wind wehte mir Sand zwischen die Zähne. Ich stand mit unsichtbaren Beinen auf einer unsichtbaren Straße. In einiger Entfernung ruft mich ein schwaches Licht, ein erbärmlicher, gelblicher Versuch zur Erhellung der feuchten, schwarzen Oktobernacht. Ich lasse das Gepäck stehen, es gibt niemanden, der darüber stolpern könnte. Die Strahlen kommen aus einem Hotelchen, ein Kind verspricht mir ein Zimmer. Sieben oder acht Gäste sitzen in trüber Beleuchtung beim Essen, Pioniere der Flugpauschalreise.
Ich finde ein Haus am Rande des Hafenbeckens. Die Häuser in der Brandungszone stehen im Winter leer. Es gab damals schon, 1957, eine Auswahl von einfachen Sommerresidenzen, die Kaufleute

aus Artá und Manacor in den zwanziger und dreißiger Jahren hatten bauen lassen. Für dreizehn Mark war es nicht zu haben, mein Winterquartier. Für wenig mehr als das Doppelte durfte ich einziehen in vier Schlafzimmer, eine Küche mit Ziehbrunnen und Kochkamin, eine »sala«, beherrscht von einem einfachen Eßtisch für zwölf bis sechzehn Personen.

Unter hohen Räumen – nahezu doppelneubauhoch – hockte ich auf dem Zementfußboden und betrachtete mit Grausen, wie Kellerasseln im Schrittempo an der Wand entlangfuhren. An strategischen Punkten hatten Spinnen Netze aufgespannt. Die tumben, kurzbeinigen, halbrunden, schwarzgrauen Panzerfahrzeuge glitten ahnungslos hinein. Nach einer Stunde vielleicht waren sie an der sanften Unnachgiebigkeit der Fäden ermüdet. Sie empfingen die Betäubungsspritze und mußten geschehen lassen, daß die Fallenstellerin sie eingarnte, bis sie als Vorrat im Beutel hingen. Einige Morgen danach lagen sie leer auf dem Fußboden, winzige Halbrunde aus winzigem Wellblech.

Von keinem Besucher, Radio oder Fernseher und von keinem Telefonanruf in dem geräumigen Asyl auf dem Ufergestein abgelenkt, beobachtete ich über Wochen diese Gemetzel. Den Ekel des Städters vor allem möglichen Kleingetier – ich gewöhnte ihn aus mir hinaus durch Hinsehen. Zum

erstenmal im Leben hatte ich ein Haus für mich allein. Nicht selten denke ich, ich habe mir damit eine Sucht geschaffen.
Der erste von drei Antonios, mit denen ich mich anfreundete, paßte mich den mit verschiedenen Schrecken geladenen Lebewesen an, die am Wasser sind und in ihm. Noch weiß ich, wie unvorbereitet ich mich dem Meer näherte. Ich kann die Wut abfangen, die in mir aufkommen möchte, wenn ich Ohrenzeuge werde, wie Europäer von jenseits der Pyrenäen – meist sind es Deutsche – eine Mahlzeit bestellen. Man hat nicht »Tintenfisch« zu sagen, sowenig, wie man in Deutschland ein »Paarhufersteak« verlangt. Mallorquinische Speisekarten – natürlich nicht nur sie – wimmeln von den Irrtümern wohlmeinender früherer deutscher Esser.
Antonio tauchte und harpunierte einen Kraken, einen Tintenfisch, mit einem Durchmesser von nicht viel weniger als zwei Metern. Dabei muß der Oktopode, der sonst wie ein leerer Regenmantel gemächlich über den Meeresboden zieht – achtarmig aufgespannt –, furchterregend ausgesehen haben. Der Kopffüßler klebte sich mit seinen Saugnäpfen fest um Antonios Hand und Unterarm, floß schläfrig zu sich ändernden Formen auf. Antonio stülpte den Schwimmbeutel um, als wende er eine Socke; das Tier stirbt, und die Haftkraft ist aufgehoben.

Ich saß auf dem mageren Rücksitz des Mopeds, während Antonio fuhr. Er hatte meinetwegen Schwierigkeiten mit der Balance, eine Hand klammerte ich ums Blech, von der anderen hingen die Strippen Gratiseiweiß schlenkernd über der fliehenden Fahrbahn. Die Länge der schweren Peitschen zwang mich, meinen Arm gegen die sechs, sieben Kilogramm immer wieder in die Waagrechte zu reißen. Ließen meine Anstrengungen oder meine Kräfte nach, sammelten die klebrigen Enden Staubkörner und Steinchen. In den Küchen sagen siegesgewohnte Stimmen, der Düsenschwimmer darf nicht gewaschen werden. Der Schleim auf der Haut gehöre zu den Gewürzen. Kein Messer erwies sich als scharf, kein Handgelenk als widerstandsfähig genug, die mit weißen Näpfchenleisten besetzten Ziemer in Scheiben zu schneiden. Wir hackten die Tentakel mit dem Beil in kurze Abschnitte, warfen den zerstückelten Polypen in eine jener ziegelroten flachen Tonschalen mit konvexem Boden, außen roh, innen glasiert, wie sie seit dreitausend Jahren in jedem Haushalt auf der Insel zur Grundausstattung gehören. Diese Keramik ist ungemein billig, eine Freude für jedes nostalgisch gestimmte Touristenherz. Man bekommt sie als zahlender Gast nicht leicht zu Gesicht. Sie macht den Rechaud überflüssig, das Gericht kocht noch auf dem Tisch. Das Gefäß hält es warm, so lange eine

Mahlzeit auch dauere. Man kann das historische Geschirr erleben, wenn man »Mallorquinischen Reis« bestellt, »Arroz brut«, eine Reissuppe mit Schweine- und Hühnerfleisch; die wörtliche Übersetzung heißt »schmutziger Reis«, früher schüttete man frisches Schweineblut in die kochende Brühe.

Unsereins ist nicht gewohnt, Organisches jeglicher Art ohne Mittler und Dämpfer einem aufgeheizten Topfboden zu überantworten. Antonio hatte unser Weichtier trocken aufgesetzt, auf kleiner Flamme. Die Hitze trieb die Flüssigkeit aus dem Gewebe, die wir zum Garen brauchten. Die Kasserolle füllte sich mit rötlichbrauner Krakensoße. Wenn die Schüssel voll ist, können wir essen, sagte Antonio. Steine und Sand, die ich von Straßen und Wegen aufgewischt, schienen sich in meinem Mund zu sammeln. Nicht immer gelang der Zungenspitze die Aussortierungsarbeit zur rechten Zeit, bevor die Mineralienpakete zwischen den Zahnkronen zersplitterten, Schädel und Nerven erschütternd. Im Vergleich zum deutschen Schweineschnitzel, das sich in der Pfanne zurückzieht aus Scham vor dem hineingezüchteten Wasser, ist eine Portion Pulpo Edelfraß, Eiweißsolidität, Geweberedlichkeit.

Ich hatte viele stille Tage vor mir, einen großen Schatz Einsamkeit. Es gibt zwei Strände in der Nähe des Dorfes. Ich lernte in den Wintertagen

die Eigenheiten von Sand kennen, dort, wo sonst Halbnackte mit geschlossenen Augen angestrengt in den Himmel starren. Der Fuß wird um seine Erfahrungen gebracht. Der Sand will, daß man sich mit der schwerfälligen Würde eines gichtigen Gärtners vorwärtsbewegt. Er schlingt sich um die Füße und macht die Bewegungen alt. Näher am Wasser, wo die Schaumborte das Geriesel bindet, kehren Figur und Gang zurück. Wende ich mich nach meinen Fußstapfen um, zerkocht ein Löffel See in der Schuhform. Ich stehe viel herum und oszilliere ins Glückliche.
In den langen Nächten bereite ich mir die Qualen eines Romanversuchs. Es wird kühler, Haus und Bett beginnen, Feuchtigkeit anzuziehen, von der See und vom Regen. Die verschiedenen Winde, vor allem der Nordost und der Schirokko aus Afrika, schieben mir Brennholz übers Meer zu; jeder Wind beschickt eine andere Bucht. Bretter, die ich bei Nachtgängen von der Brandung nach Hause trage, leuchten an den Stellen, die ich berühre, auf und erlöschen wie gelbes Feuerwerk am dunklen Himmel; Biologen nennen das Phänomen Biolumineszenz. Ich schaue in die Flammen im Kamin, als kämen von ihnen Nachrichten über mein weiteres Leben.
In jener Jahreszeit konnte man in der Dorfstraße – und kann es in anderen Orten noch heute – gegen fünf, halb sechs Uhr nachmittags Frauen aus

den Haustüren treten sehen mit rauchenden Messingpfannen voller Mandelschalenkohle. Sie stellten sie in den Wind, der Luftzug vergrößerte einen Glutflecken, die Kohle ergraute unter Asche. Die Frauen blieben daneben stehen, bis das Glühen aus dem Schwarzen Rotes gemacht hatte. Sie halfen nach, wenn es sein mußte, mit einem Wedel aus Palmbast. Der Ertrag kam ins Haus. Es gibt einen runden Spezialtisch, viersitzig in der Regel, mit einer Fußplatte, in deren Ausschnitt die Heizpfanne genau hineinpaßt. Eine vierfach geschlitzte Decke hängt bis auf den Boden. Hinter dem schweren Tuch stehen die Beine der älteren Familienmitglieder, warm bestrahlt bis zur Bettzeit.
Wegen der unglaublichen Masse kam von diesen steinhart gewachsenen Fruchtgehäusen früher auch elektrisches Licht. Wenige Stunden am Abend flackerte es trübe in 125 Volt, setzte kurz aus. Wer nach zehn eine Radiosendung hören mußte, zahlte zweihundert Peseten, das Riesenschwungrad lief dann eine Stunde länger für alle. Die Schalen wurden in einem Silo zum Glühen gebracht, das entstehende Gas trieb eine Siemens-Maschine aus dem Jahr 1925 an. Der Straßenboden vor der Halle zitterte. Mit derselben Technik bewegten sich bei uns nach dem letzten Weltkrieg Taxis und Lastkraftwagen, sie vergasten Holz in einem Blechfaß, das sie umfangreich mit

sich führten. Der Besitzer des energiesparenden Mandelschalenkraftwerks war ein Schweizer Ingenieur, er kam gelegentlich Geld holen für den Strom, den ich seiner Leitung entnommen.
Die Schalen sind noch da, in Hunderttausenden von Tonnen. Bis vor wenigen Jahren wuchs die Hälfte der Mandeln in der Welt auf sechs Millionen mallorquinischen Bäumen, sie ziehen von Ende Januar bis Ende Februar weiße und rosa Blütennetze über die rostrote Erde. Die Wärme in den Tischfußschüsseln kommt heute von einer Drahtspirale, die hinter den vier Eingängen der alten Ponchos gleichmäßig und in der Freude von 220 Volt errötet. Doch noch immer wärmen sich die Männer in den Bars alter Dörfer an Eisenöfchen, aus einer Blechdose rieseln hin und wieder Schalenscherben nach.
Ich erinnere mich an einen Sonntagmorgen, die Terrasse war über Nacht hellrotbraun eingefärbt. Später entdeckte ich Reste von Flüssigkeit in derselben Farbe auf Gehsteigen, Simsen und Autos, das Land war bemalt mit eingetrocknetem Milchkakao. Von Zeit zu Zeit tragen Strömungen in der Atmosphäre den feinen Staub der Sahara herüber, an die tausend Kilometer, Regen wäscht den Puder aus der Luft.
Die Leute begannen mich zu fragen, ob ich bereit wäre, sie im Deutschen zu unterrichten. Ich zierte mich eine Weile. Nicht, weil man zu wenig zahlen

wollte – der Stundenpreis war zehn Peseten, achtzig Pfennig oder drei Liter vom einfachsten Landwein. Ich wünschte, die Reinheit meiner Verantwortungslosigkeit durchzuhalten und die einsame Freiheit nicht mit Versprechen zu besudeln. Eine Verabredung, die sich jede Woche von selbst wiederholt, wollte mir vorkommen wie das Hinabsteigen in einen Abgrund, dessen Boden nichts anderes ist als ein Angestelltenverhältnis.
Eine Frau, nicht schön und für mich von starker Anziehung in meinem von erotischen Phantasien gefoppten Eremitenleben in dem Dorf schwarzgekleideter Witwen und Gattinnen und kichernder Jungfrauen – sie war die einzige, die den Mut hatte, auf mich zuzugehen. Sie verführte mich, die didaktische Enthaltsamkeit aufzugeben und mich einzulassen auf ihre unglückliche Liebe zu unseren Umlauten. Die Art und Weise, wie die Deutschen von der Einzahl zur Mehrzahl kommen, wollte weder ihr noch mir vor dem Kamin verständlich werden. Warum Hut/Hüte, Fuchs/Füchse, aber Gut/Güter, Bub/Buben, Stufe/Stufen; warum Lämmer, warum nicht Schwämmer?
Die Lektionen kippten zu Rendezvous, danach kam für die achtzig Stundenpfennig ihr Sohn. Schon war die Zeit gekommen, da versprach man sich von Deutschkenntnissen höhere Einnahmen für den Sommer. Der Junge verdrehte die Augen und ließ sie vor Anstrengung hervortreten bei der

Überwindung eines Konsonantenverhaus wie »glimpflich«, »Pfründe«, »schrumpfen«. Es sprach sich bald herum, daß da eine Quelle im Dorf war, aus der man deutsche Wörter sprudeln lassen konnte. Die höchste Autorität der Gemeinde klopfte an die dünnen, scheppernden Scheiben meiner Haustür. Der katholische Priester begleitete jede Eingabe an den Stellvertreter Francos in Palma mit seinen Anmerkungen; wer eine Bar eröffnen wollte, ließ sich öfter in der Kirche sehen. Der Geistliche setzte in meiner »sala«, am Sechzehnpersonentisch, dazu an, die wirtschaftliche Zukunft des Ortes am Angebot von Dienstleistungen festzumachen, und sicherte mir eine monatliche Ausschüttung von zirka hundert Mark zu, wenn ich die sprachliche Ausbildung der Fischerjugend zu Kellnern Deutschlands in die Hand nähme – im Gemeinschaftsraum des Pfarrhauses.

Es gefiel mir nicht, daß der Kirchenmann Seefahrer in Servierer verwandeln wollte. Ich war in ein Paradies geraten, das von Eigenbrötlern und Sonderlingen entdeckt worden war. Jetzt sollte gesellschaftlich etwas ins Rutschen kommen, ein soziologischer Berghang der Bundesrepublik in Bewegung geraten in Richtung auf meine Asseln.

Heute gibt es unter den Ufern kaum noch die Achtarmigen. Männer, die in naßglänzenden, mit Überaugen bewehrten Gummianzügen aussehen, als kämen sie sich in der beschaulichen Schwimmstube der ausharpunierten Gewässer vor wie verwegene Entdecker, spießen, von Gummiseilen unterstützt, alles aus der Flachsee, was sich bewegt und groß genug ist, die Spitze einer Harpune zu umschließen. Ein Fisch, wenn er an ihrem Widerhaken stirbt, versorgt sie für einen Tag mit mehr Selbstsicherheit. Ihre Taucherausrüstung könnte kaum unangemessener sein, wenn sie damit ins Hallenbad gingen.

Ich hatte bei der Gemüsefrau erste Schulden gemacht. Zweimal in der Woche tastete ich mich durch die windige Gassenfinsternis der Adventszeit, vorbei an ratternden Läden und huschenden Frauenschatten. Zwanzig bis fünfundzwanzig großäugige Jungen und Mädchen waren von geschäftstüchtigen Eltern abgeordnet worden, sich bei mir ein Werkzeug zu beschaffen, wie man zum Schreiner geht wegen eines neuen Beilgriffs. Die Familien hofften, über die neue Zungenfertigkeit der Kinder mehr Fisch und Übernachtungen zu verkaufen. Meine Schüler waren nicht stark motiviert.

Inzwischen sind viele Jahre vergangen, und Motivation ist ins Kraut geschossen. Wo ich einst Hilfszeitwörter wie »sein« und »haben« und eine Handvoll Vokabeln gesät, sprießen jetzt Vorträge. »Ich bin Jaime«, begrüßt mich ein Metzger als Antwort auf meine Bitte nach einer Scheibe vom

Schweinsschlegel. »Erkennst du mich nicht? Ich war dein erster Schüler nach meiner Mutter Maria.« Der Junge, der beim Nehmen von Mitlauthürden die Augen seitlich hervorquellen hatte lassen – es kostet mich Mühe, ihm zu verbergen, wie alt und dick er geworden ist. Er besitzt ein feines Geschäft, genau gegenüber dem Hauptportal der Kirche, eine Boutique für Würste und Fleisch, eingerichtet wie eine Art Apotheke, weiß gekachelte Wände, neue Kühlkammer. Er besitzt auch eine hübsche Frau. Wir werden mehrere Male durch Kunden unterbrochen, die meisten äußern ihre Wünsche in einem deutschen Dialekt. Ohne Zuhilfenahme der Muskeln seiner Augäpfel sagt der überraschend Erwachsene »Schweinslende«, »Hammelkeule«, »Putenbrust«. Er hält Kurzreferate über Bratfähigkeit und Siedekriterien, kann »Hühnerkopf« leidlich aussprechen. Es ist sein Geld.

Ich vermag einen Wortschatz aus mehreren Lebensbereichen abzurufen, wenn ich die Hauptstraße entlanggehe und da und dort eintrete. Ein Mädchen, in dessen Gesicht ich unter den rötlichdämmerigen Mandelstrahlen einst das Auge hatte suchen müssen, welches mich anzublicken pflegte, sagt jetzt »Heilbutt«, »Hummerschwänze« und »abschuppen«. Ich meide das abgewichene Auge, sie ist verheiratet, Mutter dreier Söhne. Das Haus, das sie bauen, wird bezogen – wenn auch mit der Fischspanne nicht ganz bezahlt –, während dieser Text in Druck geht.

In allen Häusern, straßauf, straßab, arbeitet man an der Biegsamkeit von Zunge und Zäpfchen. Die Dörfler baumeln an ihren teutonisch erwerbstätigen Mündern. »Die Dämpfung der thalamischen Schmerzzentren durch Analgetica ...«, sagt die blasse, langnasige Dominga in ihrer Farmacia, mit einem »r«, das wie ein Ventilator surrt. Bis in die Nacht- und Morgenstunden züngeln, lippeln, kehlen sie Umsatz. Und Schwärme von Reklametafeln verkünden guten Willen in tapferer Orthographie.

Wenn ich meine alten Wege gehe, vorbei an Restaurants, Lederwaren, Andenkenkeramik, Perlenketten aus Manacor, Supermärkten, Apartmenthäusern, Hotels, auf Asphaltdecken, die mich von den Sandwegen trennen, die still zum Meer führten, von den Schattenteppichen der Pinien bedeckt, höre ich Ehepaare verzückt sich zurufen: Mein Gott, ist das nicht schön hier? Ja, sage ich vor mich hin, wenn das so ist.

Die Lageristen des Neumonds

Die Vergangenheit Mallorcas ist die Geschichte von Schmugglern und Piraten. Man sieht es: Auf allen höheren küstennahen Kuppen steht ein runder Signalturm aus Sandstein (»atalaya«). Fünfhundert bis tausend Jahre haben Wächter darin beobachtet, was auf dem Meer vor sich geht. Der eine und andere von ihnen wurde von Piraten mitgenommen und auf einem Sklavenmarkt verkauft. Ungefähr in der Zeit, in der wir den Kölner Dom bauten, lernten die Mallorquiner, auf ihre Warner besser achtzugeben. Jeder Turm steht in der Sichtweite mindestens eines anderen. Die Besatzungen, zwei bis vier Mann, meldeten nachts durch Feuer, am Tag durch Rauch jedes Schiff und dessen Fahrtrichtung. Das funktionierte bis ins letzte Jahrhundert. Bei verdächtiger Annäherung war das Land – Ost-West-Durchmesser hundert Kilometer –, je nach Lage des Beobachters, in ein bis zwei Stunden alarmiert.

Man sieht die Folgen der rabiaten Besuche früherer Mittelmeerschiffer auch der Landkarte an – wenn man es weiß –, den älteren Karten noch deutlicher, da die Hersteller von Urlaubsprogrammen und Portlandzement auf neuerem Kartenwerk die Inselvergangenheit mit ihren Spuren verzeichnet haben. Bis auf die beiden von Römern errichteten Städte Alcudia (Pollentia) und Palma, die an den beiden großen, weit überschaubaren Buchten liegen und durch starke Festungsmauern geschützt waren, gab es an der Küste keine Orte.
Seit Menschen segeln, waren die Bewohner dieser Inseln immer bedroht, wurden für den Menschenhandel geraubt oder für fremde Interessen zum Militärdienst gezwungen, manchmal bis nahe an die Beseitigung einer Männergeneration; immer wieder haben Fremde das Land geplündert. Im späten Mittelalter steigerten sich die Überfälle zu einem Dauerkrieg, es kam vor, daß Dutzende von Schiffen gleichzeitig anlegten mit Bataillonen von Galgenvögeln. Es gibt Heldengeschichten vom Kampf und auch von Siegen der Bewohner gegen ihre Heimsucher. Die Bürger von Pollensa oder Soller freuen sich mit alljährlichen Spielen, daß sie vor 420 und 430 Jahren zwei türkische Freibeuterhaufen von 1500 und 1700 Mann ins Meer zurücktrieben und mehr als hundert töteten.

Die Inselleute bauten Wohnsiedlung und Hafen getrennt, die Häuser landeinwärts, von Schutzmauern umgeben; an das Ufer die notwendigen Anlagen zum Be- und Entladen der Schiffe, und Lagerräume für Frachten. Heute sind es Doppelorte (Andraitx—Puerto Andraitx, Soller—Puerto Soller, Cala Ratjada als Hafen der Gemeinde Capdepera usw.). Der Küstenstreifen blieb unbewohnt, bis auf wenige burgartig befestigte Einzelgehöfte auf der feuchteren Humusschneise einer Talsohle. Einige dieser Bauernburgen stehen noch; sie geben dem Mitteleuropäer Rätsel auf, er kann sie in seinen baugeschichtlichen Vorurteilen nicht finden. Andere verhüllen ihren Wehrturm mit zivilen Anbauten späterer Jahrhunderte, hochgezogenen Speicher- und Gesindekammern; nur die schon allzulang abwartenden, über geblümten Fenstergardinen aus dem Mauerwerk abstehenden Kragsteine, harte Reste von Pechnasen — im Katalanischen »matacans«, Hundetöter —, erinnern als Fossilien des Grams an wilde Ängste anderer Zeiten.
Bei Alarm flohen die Menschen in die Siedlungen, gaben Hafen und Schiffe auf und verschlossen die Tore. An den beliebtesten Landeplätzen der mittelalterlichen Banditen sammeln sich heute Hotels und Andenken. Auch jetzt ist es dort am lautesten.

Früher hatten die großen Staatsgebilde der Karthager, Römer und Araber gedeihliche Schonung zwischen den Schiffen durchgesetzt, Sicherheit für Reisende und Handelsgeschäfte. Im sechzehnten Jahrhundert gelang es den seefahrenden Kaufleuten viel seltener, lohnende Touren zu unternehmen. Die Staaten gingen dazu über, Seeräuberei mit Seeräuberei zu bekämpfen. Sie vergaben Lizenzen für Raub und Mord, betrieben Piraterie durch Firmen, an denen man sich mit Aktien beteiligte.
Als das sechzehnte Jahrhundert zu Ende ging, kaperten im Mittelmeer die türkischen Korsaren im Streit mit englischen, französischen, holländischen, galicischen, kastilischen und baskischen. Die Leute von den Balearen vermochten weder ungestört zu fischen, noch in anderen Gegenden Handel zu treiben. Sie kamen von ihren Landbrocken kaum noch herunter, zu viele Raubsegler trieben sich vor der Küste herum.
Das war nach 1500 kein einfaches Leben, es bestanden alte Abhängigkeiten von Einfuhren, die jetzt ausblieben, so jede Art von Metall. Auf der Inselgruppe gab es außer dem Salz von Ibiza und der Wolle menorquinischer Schafe nicht viel, was einen Aufkäufer gelockt hätte, es über eine längere Wasserstrecke transportieren zu lassen. Ihr Reichtum war ihre geografische Lage. Kein Kaufmann der Welt, der seine Waren über

Meere schickte, war bis dahin um Mallorca herumgekommen. Die meisten mediterranen Schiffer hatten im Hafen von Palma anlegen müssen. Sie waren gewöhnlich weitergesegelt bis nach Spanien, Marokko, Portugal, Frankreich, Flandern, England oder, in östlicher Richtung, bis nach Sardinien, Sizilien, Italien, Malta, Griechenland, Konstantinopel, Alexandrien und Zypern. Der Hafen wurde wegen der wachsenden Tonnage mehrere Male erweitert. Das brachte viel Welt ans Ufer. Die Mallorquiner kassierten. Von Europas hin- und hergeschaukelten Gütern blieben viele in Palma und verwandelten sich in lokale Besitztümer. Die Insulaner gewöhnten sich daran, Dinge zu verbrauchen, die sie nicht hergestellt hatten. Die Palmesaner begnügten sich nicht damit, ihre Knotenpunktsituation zu verkaufen. Sie vergrößerten mit den Gewinnen die Flotte und ihren Anteil am Welthandelsumsatz.
Die Erfahrungen mit hoher See, die von überall in ihrer Bucht zusammenliefen, taten ihre Erkenntniswirkung in mallorquinischen Köpfen. Es gab keinen anderen Platz im vierzehnten und fünfzehnten Jahrhundert, an dem so viel Wissen über die Beschaffenheit des Globus angehäuft war. Die Balearenhauptstadt reifte zum Sitz der wichtigsten kartografischen Schule der Welt. Dokumente überliefern die Namen von fünfzig Meistern; Museen und Archive bergen über vierhun-

dert Stücke mallorquinischer Seekartenkunst, mit Miniaturen und Initialen, kostbare gotische Handschriftenkultur. Die Pergamente wurden wegen ihrer Zuverlässigkeit von den Mächtigen geschätzt als Werkzeuge zur Erweiterung von Reichtum und Herrschaft.

Man weiß, daß sich der König von Frankreich durch den spanischen Gesandten einen Weltatlas aus Palma besorgte. Der spanische König ließ ihm ein zwölfteiliges Kartenwerk des Mallorquiners Abraham Cresques bringen, nach dem neuesten Stand (1375) gemalt; es ist in Paris aufbewahrt. Längst hatte Cresques gegen die Leitung der Kirche entschieden, daß die Erde rund sei. Sein Sohn wanderte wegen intensivierter Schikanen und Demütigungen aus, unter denen er als Jude zu leiden hatte, auch nachdem er seine Religion verleugnet und angenommen hatte, was man Christentum nannte. Er arbeitete zuletzt für »Heinrich den Seefahrer«, den König von Portugal, und unterrichtete die portugiesische Marine in seiner Wissenschaft. Der jüdische Geograf aus Palma wurde einer der Köpfe von Lissabons kolonialer Ausbreitung.

Das Netz von Quer- und Hochlinien auf den Erdkarten, die Projektion der Längen- und Breitengrade – unentbehrlich, um sich außerhalb der Küstensicht zurechtzufinden – hat sich der Baleare Maciá de Viladestes hundert Jahre vor dem berühmten Niederländer Mercator (1512–1594) ausgedacht. Und Amerigo Vespucci entdeckte mit Hilfe der Häute, die Gabriel de Vallseca genau und schön bemalt hatte, balearisch begünstigt auch dieser. Die von schwarzen Schweinen und Feigen genährten Seekartenmaler und die Konstrukteure von Navigationsgeräten haben für die großen Entdecker mehr Hindernisse vor dem amerikanischen Kontinent und anderen unbekannten Erdteilen beseite gepinselt als irgend jemand sonst.

Mit dieser erstklassigen Meereskundlervergangenheit im Rücken und dem feinen, exotischbreiten Konsumfächer im Städtergedächtnis ertrugen die Inselbürger die schlechte Behandlung durch die verschiedensprachigen Küstenfledderer nicht lange. Die Orte, anstatt sich wie bisher durch Weltgeschäfte zu vergrößern, entließen wieder Menschen in die Landwirtschaft.

Einige Jahrzehnte fand die Inselelite nicht aus ihrem höheren Verdutztsein. Die Aussperrung der Mallorquiner aus der Renaissance, ihre Isolierung auf einige hundert Quadratkilometer, nachdem Amerika, das Schießpulver, die Buchdrucklettern, die fabrikmäßige Produktionsweise und der Bankscheck gefunden waren, gab ihnen fruchtbare Wut ein und den Mut, das Nächstliegende zu tun, die Rabauken- und Rüpelaußenpolitik der Freibeuterregierungen zu kopieren und zu vervollkommnen. Die Abkömmlinge von Entdeckern und Kolonisatoren wurden den Kollegen der Meere schnell zum Schrecken. Der alte Brauch der Räuberei auf den Wassern der alten Kulturen endete 1830, als die Franzosen Algerien zur Kolonie machten. Schiffsladungen zu plündern lag nicht mehr im Interesse der zu Nationen gewordenen Völker.

*

Wer über eine Mittelmeerinsel schreibt, gerät in den Verführungssog von Geschichten, die sich um Schmuggel drehen. Schnell ist man das Opfer eines milden Glaubensrausches. Schmuggel pflegt man weder zu hören noch zu sehen, solange er den Namen verdient. Erst wenn es schiefgeht und beim Versuch bleibt, kriegt der Hungernde eine Messerspitze Information ab – nichts von den herrlichen Geheimnissen. Man möchte dem Tun und den Tätern näherkommen, sich vollsaugen mit Gewinnspannen und Tricks. Am Ende steht das Verlangen nach Komplizenschaft, wer ist schon einverstanden damit, wie der Staat Geld ausgibt.
Immerhin kann derjenige, der länger hier lebt, in den Genuß von Anzeichen kommen, die beweisen, daß noch geschmuggelt wird. Der Inhaber eines Schreibwarengeschäftes in einem Fischerdorf führt ihm einen vor Neuheit blitzenden,

kompakten japanischen Radiokassettenrecorder vor und tut sich einiges darauf zugute, daß er halb so teuer war wie im Laden. Ließe man sich den Apparat aus Nordafrika kommen, erklärt er, wäre er billiger. Das Wort, das die Behörde für diese Einkaufsform gebraucht, wird dabei mit eingefleischter Behutsamkeit umgangen.

Die während mehrerer Wochen an den Strand gespülten leuchtendroten, unversehrten »Winston«-Packungen lassen auf die überraschende Begegnung eines Schnellbootes der Küstenwacht mit einem Kutter schließen, der zwischen Uferversteck und Hochseeschiff haushaltsfeindlich pendelte.

Hätte die Besatzung des biederen Kahns – um ihre zollrechtliche Unschuld vorzuführen – die Ladung nicht über Bord geworfen, von den Empfängern an Land wäre sie in ein Verlies versenkt worden, in den Scheinbrunnen in der Nähe eines Hauses, der von dort unter fortwährender Beobachtung steht. Diese Gewölbe heißen auf mallorquin »secrets«.

Als doppelt geheimhaltungsfähige Spielart von »secrets« nutzen die schweigsamen Nachtarbeiter den Friedhof, der ist in Spanien kein Gottesacker. Spitz überdachte Schreine aus Sandstein – dem »marés«, der auch den größten Teil der lebenden Bevölkerung schützt – bergen die Särge mit den Toten. Jedes dieser gemauerten Regale gehört einer Familie, es besteht aus sechs oder acht Fächern. Man schiebt den Sarg, Kopfende voraus, hinein und verschließt die Lade mit einer Steinplatte, deren unterschiedlicher Härtegrad in vielen Fällen die Härte der Hinterbliebenenherzen öffentlich anzeigen soll. Nur ein verschließbares Gitter und ein schmaler Platz dahinter für Blumen, Andacht und eine Konsole mit dem Foto des Verstorbenen trennen Nachbarn und Wißbegierige von den Inschriften in der mörtelversiegelten Schrankwand. Nach fünf Jahren darf das Leichenschließfach geöffnet werden – sollte der nächste Angehörige darauf Anspruch erheben. Der Sarg wird in einer Friedhofsecke verbrannt – so schön wie am ersten Tag ist er dann nicht mehr, während er aufs Feuer wartet –, die Knochen, dann und wann noch beklebt mit violettfarbenen zähen Knochenhautresten, läßt man hinabfallen in die überkachelte Grube vor den Auflösungskammern, durch die Enge einer herausnehmbaren Kachel. In einem mittelgroßen Dorf von Verwesungsspinden mögen hundert und mehr Einzelabteile frei sein; die Zahl der Plätze ist auf die Sterbefolge gemeinhin großzügig abgestimmt, gestattet dem Ableben Spielraum. In die Sterbelücke schichten die Lageristen des Neumondes ihre cellophanierten Tabaksärgchen. Niemand von den Staatsangestellten mit den schwarzen, dreieckigen Lackhüten möchte die Ruhe der Zigaretten stören. Welche der freien Kammern das haltbare Lagergut gerade beherbergt, könnten die Polizisten der Guardia Civil – fast immer Männer vom Festland, meist Andalusier – nur herausfinden, wenn sie einem Gerippe frevlerisch zu nahe träten oder einer halben Kompanie von Gerippen, falls die Suche später Erfolg hätte. Wer mit den Leichenschlupflöchern so vertraut ist wie Söhne und Neffen, macht sich nicht viel daraus, für kürzere Zeit eine Namensplatte auszuwechseln, kann er doch auf das Verständnis des Dahingeschiedenen zählen, um so mehr, als er nicht ohne Kreuzzeichen und ein frommes Wort Hand an den Verschlußstein legt. Da ist ein Rest Einheit von Tod und Leben.

Der Fremde hätte während einer seiner letzten Aufenthalte in den Blättern der Region lesen können, daß der Bürgermeister von Santanyi verhaftet wurde, weil er nicht nur seiner Gemeinde, weil er auch einem Arbeitskreis vorgestanden hatte, dessen Fleiß von der Regierung nicht genehmigt war. Dazu passen die Erzählungen alteingesessener Wirte mit einheimischer, die Geschichten bestätigender, ausschmückender und erweiternder Stammkundschaft, daß Angehörige der Landpolizei (Guardia Civil) beim Ausladen der stummen Schattenfähren behilflich seien; daß der Distriktleutnant andere von ihnen

in dringendem Auftrag zu einer polizeikundigen Anlandestelle schicke, dort ihre konzentrierte Aufmerksamkeit übers verwaiste Meer streichen zu lassen, damit ihr Diensteifer an anderem Platz nicht staatlichen Nutzen anrichte – vorausgesetzt, die Gewinnspannartisten haben ihre Ankunft beim Polizeichef rechtzeitig gemeldet, auf welchem Weg auch immer.
Berichte wie diese deuten darauf hin, daß solcherart Geschäfte ohne Beteiligung des Finanzamtes allgemein als eine Volksgesundheit gelten. Selbst eine Familie, die, wie der March-Clan, der anrüchigen Quelle ihrer Schätze so sehr mit kulturellen Stiftungen und Respektabilität entgegenhält, zeigt keine Bedenken, ihr Wohlleben der Paschergeschicklichkeit des Großvaters zuzuschreiben.
Wer in Zeitungen aus Palma liest, wird auch heute noch aus den wiederkehrenden Meldungen in Wochen Millionenwerte addieren, die, wie es scheint, bei dem regen Verkehr, auch aus Versehen, beschlagnahmt werden. Der Reporter, der sich anschickt, auf diesem Feld Verdiensten nachzusteigen, wird gewarnt. Die Wucht der Gewinne, die in diesem Unternehmenszweig üblich sind, nimmt auf Menschenleben keine Rücksicht. Von Juan March sagen die Leute, er habe nach und nach alle größeren Konkurrenten verloren.

»Ich habe die größte Dokumentation über das Thema«, sagt ein bekannter Publizist in Palma. »Sie wird nie veröffentlicht, solange ich nicht wild bin auf ein Messer zwischen den Schulterblättern.«
»Natürlich«, schrieb der spanische Schriftsteller Frontera in einem Mallorca-Buch, »wären Andraitx und andere Orte ohne Schmuggel nicht, was sie sind.«
Der kommandierende General der Balearen und der Marinechef fahren dienstlich das Beste – konfiszierte Motorjachten.

Von Schwesterstädten Trojas

Einige hundert Meter vom Ortsrand des Landstädtchens Artá (6000 Einwohner) – der Name ist der abgeschliffene Rest des arabischen »Yartan« – steht ein kleiner Wald alter Steineichen. Unter den wie Aluminiumblech glitzernden kleinen Blättern der Bäume liegen Felder und Halden aus grauen Kalksteinbrocken. Die Quadern bedecken eine runde Fläche mit einem Durchmesser von hundert Metern. Beim Umhersteigen auf den Klötzen zeigen sich Grundmauern alter Wohnräume. Im Zentrum der Quadergevierte steht, auf einer Kuppe, ein runder Turm, ein »Talayot«, sechs Meter hoch, aus eben solchen dikken Brocken zusammengesetzt, auf denen man herumklettert; der Name ist eine vom spanischen »atalaya« = Wachtturm abgeleitete Vergrößerungsform; die Spanier haben diese Möglichkeit, »Wachtturm« zu sagen, von den Arabern. Die Bastion besteht aus einer Doppelmauer gro-

ßer Felsblöcke, die ohne Mörtel und fugenlos ineinanderpassen, der Zwischenraum ist angefüllt mit kleineren Quadern, Geröll und Erde. Daneben liegen die Fundamente einer rechtwinkligen, zehn Meter langen »Säulenhalle« mit drei Säulenstummeln auf der Längsachse.
Man geht auf dem Rand des Turms hin und her und schaut auf den Turmboden hinunter und in die Halle. Beide Gebäude sind durch einen Tunnel miteinander verbunden. Vor einigen Jahren öffnete ein italienischer Archäologe, Giovanni Lilliu, den grünen Hügel und legte die Steinkonstruktion frei. Er und seine Mitarbeiter fanden unter der Vegetationsdecke das wehrhafte Zuhause von ungefähr dreihundert langschädeligen Nachkommen von Leuten, die, wie man von einem Puzzle aus Funden und Fakten abliest, vor 3400 bis 3200 Jahren, in einer Zeit großer Völkerumzüge an den mediterranen Küsten, aus dem Osten zugesegelt waren, von einer der anderen Mittelmeerinseln – die dritte oder vierte Welle von Seefahrern, die sich für ihre navigatorischen Verhältnisse zu weit aus der Küstensicht entfernt hatten, entweder freiwillig mit an Wahnsinn grenzendem Mut oder umhergetrieben von Stürmen. Auf diesem Meer muß es schon in der Jungsteinzeit, im dritten Jahrtausend vor unserer Zeitrechnung, viele Schiffsbewegungen gegeben haben, wie die Besiedelung der Inseln beweist;

denn seit auf der Erde Menschen leben, gibt es keine Verbindung zum Festland mehr.
Die Segler aus der Bronzezeit brachten außer Metall und neuen Kulten eine Bautechnik zu den Steinzeitleuten. Es gibt Gründe anzunehmen, daß Griechen oder Kreter sie von Mykenä über das Meer verbreitet haben, mit Zwischenlandungen, die Hunderte von Jahren währten, auf den Stationen Malta, Sizilien, Korsika und Sardinien. Die Ähnlichkeiten zwischen den sardinischen Großsteinbauten, den Nuraghi, und den Talayots sind allerdings bestechend; jene wurden fünfhundert Jahre früher gebaut, sie sind gewaltiger, besser gearbeitet und besser erhalten.
Die Zyklopensiedlung von Artá mit 13 500 Quadratmetern ist eingefaßt von einer Mauer, einzelne Steine wiegen acht Tonnen – wenige Kilometer entfernt steht ein Rundturm, in dem einzelne Teilstücke vier Meter lang sind. Bei den Ausgrabungen fand Lilliu Waffen und Geräte aus Bronze, verzierte Keramik, Armreifen und Halsketten mit Perlen aus bunter Glaspaste, Knöpfe und Nadeln aus Knochen, und Mahlsteine. Manche Spezialisten glauben, daß auf der Insel dreißig ähnliche Wehrgemeinden existierten. Etliche dieser Megalithbauten stehen seit Tausenden von Jahren fast unversehrt – Teile der Landschaft. Stabil wie Felsengrotten, wurden sie bis ins Mittelalter bewohnt, einige werden noch als

Stall genutzt. Es hätte zuviel Anstrengung gekostet, sie zu zerstören. Jetzt stehen sie auf Äckern zwischen Mandel- und Johannisbrotbäumen. Von den Erbauern heißt es in den wenigen überlieferten klassischen Texten, sie seien schamlos-unzüchtig, betrunken und furchtlos gewesen.
Sie konnten den Rausch gut gebrauchen. In wenigen Jahrzehnten war die Lebensqualität abgesunken, auf einmal wehte ein anderer sozialer Wind. Die Leute, die vor diesen entsetzlich produktiven Festungskanonen die allgemeinen Umgangsformen der Inselgesellschaft bestimmt hatten, kannten keine Waffen und keine Verteidigungsbauten. Sie lebten einen tausendjährigen Frieden. Sie züchteten Schafe – »Lamm« heißt im Mallorquinischen »mä« –, jagten Hasen, sammelten Muscheln, bauten Getreide an und arbeiteten am Gehorsam des Schwarzschweines. Nicht anders als früher in unseren Landstrichen, wo heute noch viele den Namen »Müller« tragen, muß sie das Mahlen von Korn viel Zeit gekostet haben; sie hinterließen Handmühlen in großer Zahl. Sie wohnten in natürlichen Höhlen und Hütten, wie sie bis vor wenigen Jahren die Köhler benutzten. Die Hütten gibt es noch, die Köhler nicht mehr, das Butangas hat sie aus der Produktion geblasen.
Vor viertausend Jahren konnte das Meer schützen. Die Steinzeitmallorquiner machten sich

nackt und gemächlich, ohne große Störungen, auf den Weg in die Bronze. Wenn es jemals ein Paradies gab, kann es nicht viel anders ausgesehen haben als das Leben dieser Menschen. Später fingen sie an, Wohn- und Bestattungshöhlen aus dem Sandstein zu schlagen. Dieser bedeckt in mächtigen Schichten weite Flächen der Zentralebene, bis zu zweihundert Meter tief. Es gibt keine Steine, es gibt nur hart gewordene Zustände; alles ist einmal weich gewesen. Bevor die Einwohner hier begannen, Bauten in Zement zu gießen, schnitten sie Mauern aus der drei Millionen Jahre alten Wüste. Die Insassen der Luftomnibusse schauen auf weißgelbe Löcher in der Insel hinunter, man könnte Gebilde in sie hineinfallen lassen von der Größe des Berliner Reichstagsgebäudes. Die Kinder aller Regime und Zeitalter sägten sich die Wohnungen und Totenstädte, Moscheen, Kirchen, Gemeindeämter und Schulen aus dem diluvialen Kuchen. Die von Druck und Zeit und Chemie zu Stein gebackenen Sandkörner reflektieren die Lichtstrahlen, die der Kathedrale von Palma und den Häuserzeilen der Dörfer erlauben, zu strahlen wie die Rinde mallorquinischen Weißbrots – man denkt auch gern an Altgold –, sowohl in der Mittagshitze als auch unter den nächtlichen Vorzeigescheinwerfern der Administration.

Nicht lange bevor das andere Zeitalter bei ihnen

landete, mit Schwertern und Großbauwissen, konstruierten die Friedfertigen Steinhäuser, die aussehen wie kieloben liegende Schiffe (»Navetas«). Die Steinplatten der Seitenwände nähern sich nach oben einander an, bis sich eine geschlossene Kuppel bildet, es gibt kein Dach. Auch die steinernen Boote scheinen in der Absicht errichtet worden zu sein, so lange zu halten, wie es Menschen gibt, als wäre den Bauherren der Gedanke entsetzlich gewesen, ein solches Haus könne Symptome des Verbrauchtwerdens zeigen, Konsumgegenstand sein. Sie bauten schöne Tongefäße, ihre Keramik hat eine höhere Qualität als die ihrer Nachfolger, der leistungsstarken Talayotleute, die trotz ihres Fortschritts beim Bau, in der Metallurgie und in der Herstellung von Waffen und Werkzeugen durch Beimischen von zerriebenem Kalkstein den Ton vergröberten, das Material mit weniger Sorgfalt verarbeiteten und unregelmäßiger brannten. Sie brauchten in kürzerer Zeit mehr Gefäße.

Die monströsen steinernen Spuren des Sicherheitsbedürfnisses zeigen, daß Hierarchie und Krieg in das Leben der frühen Mallorquiner gekommen waren: Die Ungleichheit unter den Menschen hatte die waffenlose Gesellschaft abgelöst. Das Zwillingspaar Privatreichtum und Armut war in die balearische Welt gekommen. Die Menschen außerhalb des Schutzwalls – die meisten — lebten ziemlich kümmerlich. Es ist folgerichtiger anzunehmen, die Talayotkommunen seien kleine, unabhängige, feudale Herrschaftszentren einer bessergestellten Minderheit gewesen, sie hätten sich gegenseitig bekämpft und mit ihren Bollwerken voreinander und vor Unterdrückten geschützt, als daß sie sich gegen Inselfremde uneinnehmbar eingemauert hätten. Es sieht aus, als seien diese Kommunen ungefähr fünfhundert Jahre unter sich geblieben. Die Hieb- und Stichwaffen aus jener Zeit lassen auf häufige und erbarmungslose Händel schließen. Am anderen Ende des großen Völkerbeckens war man in vielen Dingen weiter. Die Anwohner der ägäischen Küsten trugen ihre Fertigkeiten und Kenntnisse von Osten nach Westen — auch ihre Kulte, wie die Stierverehrung; in ländlichen Museen liegen Bronzenachbildungen von Hörnern und Stierköpfen. Es dauerte vier- bis fünfhundert Jahre, bis die Kulturwelle bei den Balearen ankam. Homer schrieb um 750 vor der angeblichen Geburt Christi die Geschichten über den Trojanischen Krieg und über Odysseus, nachdem sich das Volk die Ereignisse fast 450 Jahre lang weitererzählt hatte. Da war die Festungssiedlung bei Artá vielleicht erst zweihundertfünfzig Jahre alt, ganz neu noch und noch im Ausbau. Es ist nicht nur reizvoll zu denken, daß der Westen mit dem Abstand eines Halbjahrtausends in groben Zügen und mit örtlichen Unterschieden wiederholt, was Völker im Osten gelebt haben, auch die Vermutung, Artá – oder »Ses Paisses«, wie der Uraltort nebenan heißt – habe Beachtliches gemein mit Troja, läßt sich mit Glaubwürdigkeiten ausstatten. Es muß viele Trojas gleichzeitig gegeben haben. Ein Stückchen Menschheit hatte sich gerade aus einer Entwicklungszone gelöst und war zur nächsten übergegangen, von der Horde und Großfamilie zu erster Urbanität mit Spezialisten für die verschiedenen Arbeiten; die Menschen konnten mehr herstellen, als sie zum Existieren brauchten, das war neu. Es gab Produkte, um die man sich schlagen konnte: Reichtum. Es lohnte sich auf einmal, Menschen zu kommandieren. Die Arbeit war entstanden.

Das eingesteinte Troja, die sechste Schicht mit zweihundert Metern Durchmesser, wurde 1183 v. Chr. gestürmt. Unter jenen, die damals gegeneinander kämpften, lebten Erinnerungen an die Zeit, in der es keine privilegierten Anführer – »Könige« – gegeben hatte. Das kann in Ses Paisses nicht anders gewesen sein. Das Pathos der alten Heldengeschichte rührt auch daher, daß die Starken bestimmten, was wir über sie reden, und es läßt uns vergessen, daß Troja ein winziger Ort war, ein Kaff. Für die Bevölkerung außerhalb des unüberwindlichen Felsenrings war es eine

schauerlich überzeugende Mahnung; für die neureichen Herren das Beste vom Besten, was es in ihren Tagen an Isolierung gab. Zu so etwas läßt sich in solcher Zeit leicht »Stadt« sagen und »Palast«; und wer die Macht hatte, die großen Steine um sich her ritzenfrei aufrichten zu lassen, zu dem mußte man »König« sagen, »König von Troja«. Und warum nicht »König von Ses Paisses«? Der Vater von Odysseus, Laertes, war auch »König«, von Ithaka, einem Inselländchen, das kaum ein Zehntel so groß ist wie die spanische Ferienattraktion. Die Könige waren nicht so königlich, die Paläste nicht so palastig und die Kriege von Messerstecherei nicht so weit entfernt, wie uns alte Hofsänger und Studienräte sagen. Das Außerordentliche am »Trojanischen Krieg« ist der 450 Jahre jüngere Homer.
Seit dem Jahrhundert, in welchem er an Sätzen feilte, kam stärkere Unruhe ins Westmeer; die Zeitläufte begannen, am Bukolischen zu nagen. Wo sich früher die Steinzeit neu ereignete, danach die Bronzezeit, wiederholte sich das Eisen. Zum Schweineschmalz kam das Öl, Homers Landsleute brachten die Bäume dafür. Die besten Schiffer der Erde, Griechen und Phönizier, führten bei ihren Besuchen Metall und Tonware mit. Das Leben der Inselleute veränderte sich wieder. Die Balearen hörten auf, Riesensteine übereinanderzulegen. Und sie produzierten mit

einemmal ganz scheußliche Keramik, den letzten Dreck. Das Angebot der meerfahrenden Händler verschüttete die Töpfererfahrungen für Generationen; bis niemand mehr wußte, wie man Lehm richtig behandelt, war es billiger, Brenngut gegen eigene Produkte zu tauschen, als es selbst herzustellen. Der Umgang der Nach-Talayotiker mit ihren Leichen mutet uns heute sehr modern an. Sie zerkochten die Toten in Löschkalk und hackten sie vorher in Stücke. Auf dem Bauerngrundstück Son Matge bei Valldemosa fand der amerikanische Archäologe William Waldren – die frühe Inselgeschichte ist seit dreißig Jahren sein Beruf – unter einem Felsüberhang ein Totenfeld, fünfundvierzig mal zehn Meter. Die Schicht der Skelette ist stellenweise zwei Meter stark. Siebenhundertfünfzig Jahre lang wanderten immer wieder Menschen in das Massengrab und ließen sich das Fleisch mit der Kalksuppe von den Knochen brodeln. Ungefähr sechstausend Individuen liegen dort, jedes mit Töpfchen, die man vorher zu Scherben geschlagen, und mit Schmuck und Waffen, die man verbogen und zerbrochen hat.

*

Vor der feierlichen Handlung des langen Dahinscheidens von Bürgerkriegssieger Franco war es viele Jahre hindurch nicht erlaubt, sich auf den

Straßen Palmas weithin hörbar in Mallorquin, einer katalanischen Sprache, zu unterhalten. Während der meisten Zeit in den vierzig Jahren spanischer Militärregierung durften weder Balearen noch Katalanen ihre Wörter drucken. Heute können die wenigsten die Muttersprache lesen wie eine Muttersprache; sie haben Schwierigkeiten, ihren Lauten die passenden Zeichen zuzuordnen. In der Rechtschreibung aller Sprachen ist Willkür das Normale. Ob man Gsahfa schreibt oder Xaver, Bia oder Bier ist eine Frage längerer Übereinkunft. Die mallorquinischen Sprecher hatten wenig Gelegenheit, sich mit den mallorquinischen Schreibern zu verständigen. Diese schreiben Andraitx, wir würden Andratsch vorziehen. Wer seine Sprache noch nicht geschrieben gesehen hat, kann mit dem Alphabet nicht alle Wörter erkennen. Wir lesen Cala Ratjada mit einer – für jemand, der die Aussprache der dort Lebenden kennt – stupiden »a«-Gläubigkeit. Die fünf »a«s spricht der damit Geborene auf drei verschiedene Weisen, es sind dreierlei Laute. Sie haben gemeinsam, daß sie weder wie »o«, »u« noch wie »i« klingen. Ob man die beiden unbetonten Schluß-»a«s nicht auch als »e« schreiben könnte, das ist das Problem: Das »e« in »Vater« ist ja auch keins; in der Schrift sind wir nur mit »Ewald«-»e«s ausgerüstet.
Seit jenen langen Wochen der Bulletinlesungen

über das fortschreitende Sterben im Diktatorenbett ist auf Straßenschildern und Landkarten die eigene Schreibweise durchgesetzt worden. Eine mißtrauisch-reizbare, erfinderische, politisch äußerst sensible und energische Gruppe hat erreicht, daß Periodika und Bücher in Mallorquin erscheinen, an der Universität und in den Schulen das Landesidiom den Ton angibt. Sie verlangt sich viel ab in der Hoffnung, sie käme möglichst zu Lebzeiten dahin, mit der Zentralregierung in Madrid gleichberechtigt und in Solidarität mit den anderen spanischen Provinzen zu reden, mit eigenen Leuten sich zu regieren in einer Autonomie von Katalonien, Valencia und den Inseln. Diese Gruppe denkt nicht an einen neuen Nationalstaat, geht vielmehr davon aus, daß diese Form ein Anachronismus sei. Sie fühlte sich besser aufgehoben in einem Europa der vereinigten Souveränitäten. Sie trotzt die Änderungen einem Verwaltungspersonal ab, das sie aus Francos Rüstigkeit kennt. »Es ist derselbe Hund«, sagen sie, »er trägt jetzt ein anderes Halsband.« Aber der Hund sieht nicht mehr genauso aus wie früher. Hiesige geschichtsbewußte Heimatergebene, auf Wahrung kultureller Überlieferung Bedachte, beleben in Vereinen und durch Wettkämpfe eine zirkusreife Fertigkeit wieder, die bei den Großmächten Karthago und Rom stark gefragt war und doch nirgendwo sonst recht gedieh. Wer möchte, kann sich auf der Straße zu dem Altertumssport bekennen, eine patriotische Vereinigung zur Förderung der antiken Körperbeherrschung läßt Aufkleber verteilen mit dem Bild eines Athleten, sein Blick fixiert einen entfernten Punkt mit einem Ernst, der der ehrwürdigen Tötungsabsicht angemessen ist; über seinem Kopf steht eine Lederschlinge, die in seiner Faust endet.

Karthagische Militärs wie Hannibal, und später römische, verwendeten die Mallorquiner als Kanonen. Diese durchtrommelten mit ihren peniblen Steinhageln mehrere hundert Jahre lang Helme, Schilde, Pferde, Menschen. Der Ruf der ballistischen Verläßlichkeit dieses Völkchens ging durch die ganze mediterrane Welt, brachte ihm nicht nur den Namen ein – abgeleitet aus dem griechischen »bállein« = schleudern, werfen –, ihre einzigartig hohe Trefferquote verhalf den armen Schluckern zu sicheren Arbeitsplätzen als Söldner auf allen klassischen Schlachtfeldern, wenn auch mit einer hohen Rate früher Dienstuntauglichkeit. Die modernen Schleudersportler plazieren bei ihren Sonntagstaten das Wurfgut offensichtlich nicht mit derselben Permamenz ins Schwarze oder, wie die Spanier sagen, ins Weiße. Das selbstklebende Bekenntnis mit dem Porträt des jungen Mannes, der wie ein Tenor hinter einer Flugbahn Aufstellung nimmt,

macht wahrscheinlich, daß ihre Trainingsmoral untadelig ist, was ihnen fehlt, ist schwer zu bekommen: Mütter, die ihre Jungen erbarmungslos dazu anhalten, Nahrung vom Baum zu schießen oder zu hungern.
Wenn die Wurfmenschen nicht im Auftrag karthagischer Kommandeure mit ihrem Leder Steine auf römische Legionäre schleuderten oder, später, für den Sieg des italischen Weltreiches ins karthagisch Schwarz-Weiße trafen, fielen sie über die an ihren Inseln vorbeifahrenden Schiffe her. Das war auch woanders und zu allen Zeiten in diesen Wassern Sitte, Julius Cäsar mußte sich von Piraten freikaufen. Als Cato der Ältere für unsere Gymnasialschüler nach jeder Rede vor dem Senat seine Meinung über Karthago in alle Geschichtsbücher zeterte, waren die Erben der talayotischen Quadernhäuser seit langem durchtriebene Seefahrer. Ob die Mitglieder des Ältestenrats im Kapitol sich herausgefordert fühlten durch die nackten Schlingenmeister oder nicht – die römischen Autoren, die darüber geschrieben haben und deren Texte erhalten sind, behaupten es; es bedurfte keiner Herausforderung, das Mittelmeer gehörte ihnen ohnehin, seit es Karthago nicht mehr gab – jedenfalls schickten die Senatoren einen gewissen Konsul Quintus Caecilius Metellus mit einer Flotte, für römische Ruhe zu sorgen. Er brauchte

zwei Jahre, bis er zurückkehrte. Ein später geschriebener lateinischer Bericht läßt uns annehmen, die Muskelartillerie hat bei diesem hohen Anlaß die Grenzen ihrer Durchschlagskraft erfahren.

Der renommierte Eroberungshandwerker kannte seine weitreichenden Pappenheimer. Er deckte sich ein mit Stapeln von Rinderhäuten. Beim Näherkommen ließ er sie an Deck aufspannen. Angehörige seiner Zielgruppe sollen mit ihren – wie es heißt: primitiven – Booten sofort zum Angriff ausgeschwärmt sein, offenbar in der Erwartung neuer Einkünfte. Sie hätten – so steht es in einer Schrift über die Feldzüge des Metellus – gewagt, die Armada anzugreifen, und sie mit einer Wolke von Steinen überzogen. »Jeder kämpft mit drei Schleudern«, schrieb der Chronist Anneus Florus, und er scheint auch ein wenig sich in Erregung schreiben zu wollen: »Wie ist es möglich, daß irgend jemand sie wegen ihrer Treffsicherheit bewundert, wenn das ihre einzige Waffe ist und ihre einzige Beschäftigung von Kindheit an? ... Sie konnten die Römer mit ihrem Steinregen nicht lange erschrecken« – sie merkten bald, die Gegner verbargen sich hinter Trommelfellen. »Und als sie näher kamen und erlebten, welche Verluste ihnen die Rammsporne beibrachten und die Speere, die auf sie niedersausten, flohen sie zur Küste wie eine

Herde, mit großem Gekreisch, und, nachdem sie sich in ihren Tumuli zerstreut hatten, mußte man nach ihnen suchen, um sie zu überwältigen.« Der Konsul ließ — zur Strafe für ihre Raubschifferei — »unter den Bewohnern ein großes Blutbad anrichten«. Dann verordnete er der größeren Insel (Baliar maior) zwei Städte. Es gehörte im ganzen Reich zur Beherrschungstechnik, in andere Gesellschaften urbane Kerne zu senken. Die Inseln waren in Europa angekommen. Sie da festzuhalten, verpflanzte Metellus dreitausend romanisierte Kolonen von der iberischen Provinz zwischen die Figuren einer anderen Epoche.

*

Das Land hinter der langgestreckten Fremdenbühne des Piratenstreifens am Meer ist ein Freiluftmuseum. Insularität macht, daß sich gewisse Dinge anders entwickeln. Wenn man es recht bedenkt, bleibt nichts verschont von der Gewalt der Absonderung. Das enge Land vermag Elefanten zu verkleinern. Vor erdgeschichtlich nicht allzulanger Zeit — Mallorcas Häuser waren noch Düne — blieben auf dem Stück Erde, das wir Kreta nennen, Elefanten zurück, als steigender Meeresspiegel es aus der Umgebung herauslöste. Was den Vorrat an Grünzeug betrifft, waren die Tiere jetzt zu groß. Natur gibt ihre Werke nicht gerne auf: Die Riesen, die sich verkleinerten, überlebten. Man fand die versteinerten Reste von Dickhäutern, die nicht größer waren als Pudel, mit enorm grünfreundlichen Rüsselchen. An der Adria entschied sich die Entwicklung der Arten für ein Gegenstück zur Jumbo-Miniaturisierung. Als Istrien – das sich für seine Hauptstadt das Buchstaben sparende Anagramm »Triest« zugelegt hat – eine Insel war, kam es zu einem Größenwettlauf zwischen Ratte und Eule. Die Ratten vergrößerten sich, die Eulen waren dabei, sie auszurotten. Die Eulen vergrößerten sich. Es half ihnen nicht auf lange, die Nager wuchsen auch. Die Käuze nahmen solche Maße an, daß sie das Fliegen aufgeben mußten; sie hatten sich in eine Sackgasse hineinentwickelt, in der es nichts zu fressen gab.

Balearische Abgeschiedenheit rüstete die Schlafmaus von der Familie des Siebenschläfers mit dem Acht- bis Zehnfachen ihres üblichen, kontinentalen Volumens. Die Anziehungskraft auf die traditionellen Vertilger, bestimmte Vogelarten, schwand nach einigen hunderttausend Jahren dahin. Zu einem Wettwachsen brauchte es nicht zu kommen.

Bei den Resten von des Erstmallorquiners Tische liegen neben Schweins-, Hammel- und Hasenknochen meist die Überbleibsel einer Antilopenart, ihr lateinischer Name ist Myotragus balearicus, »balearische Mausgeiß«. Sie formte sich an dem Umstand, daß ihr, anders als ihren Schwestern in Afrika, keine Feinde geblieben waren – bevor Menschen landeten und das Äonen lang zur Wehrlosigkeit gestaltete Geschöpf von der Insel aßen. Es brauchte vorher niemandem davonzuspringen. So sahen seine Hinterläufe dann auch aus, die Evolution sparte Erkleckliches an Längenzentimetern ein. Sie verdrehte dem Wurzelgräber die Augen, von der Seite nach vorn; was er an rückwärtiger und seitlicher Aufmerksamkeit entbehren konnte, richtete er in genetischer Scharfeinstellung von Jahrtausend zu Jahrtausend immer genauer dorthin, wo seine beiden langen, stets nachwachsenden Nagezahnpaare zu tun bekamen, aufs Gemüse. Beim Betrachten der Schädel in den Museen schaut man in die Mündungen zweier Pistolenläufe. Das Biomuseum Mallorca bewahrt uns Hunderte lebender Ausnahmen von Pflanze und Tier, welche die Regeln bestätigen, nach denen Arten sich bilden. Insulares Einwecken hat uns wohlversorgt mit einem kompletten Magazin menschlicher Werke aus allen Geschichtsphasen bis ins fünfte Jahrtausend vor unserer Zeitrechnung. Unter Schichten steinzeitlicher Küchenabfälle in einer Wohnhöhle an der Nordsteilküste fand Waldren die Reste von vier Menschen, die nach der Altersbestimmung durch die Radiokarbonmethode vor siebentausend Jahren gelebt haben. Archäologen zählten ungefähr 1400 Fundstellen auf der 3600 Quadratkilometer großen Hauptinsel, das entspricht etwa der Fläche vom Saarland. Auf dem Meeresboden in der Nähe wurden inzwischen hundert Fundstellen ausgemacht, Schiffe aus der Antike mit ihren Ladungen in der Hauptsache. Auf Menorca liegen die Arbeiten früherer Generationen noch dichter beieinander. José Mascaró Pasarius, ein der Archipelvergangenheit Verfallener, der einzige Mensch der Welt, der alle hundertfünfzig aus dem Wasser ragenden Stücke der Inselgruppe betreten, Hunderte von Texten veröffentlicht, eine zehnbändige, in goldgeprägtes Kunstleder gebundene »Historia de Mallorca« herausgegeben; der ein fünfbändiges Kartenwerk der Balearen gezeichnet hat, mit jeder bekannten Geschichtsspur – José Mascaró stellte mit dem Kollegen G. Llompart eine Liste aller archäologischen Schriften zusammen, die jemals zu einem Gegenstand der beiden größeren Inseln veröffentlicht wurden, bisher 1300 Texte in allen europäischen Sprachen. Eine der gesammelten Überschriften lautet »Die Tierknochenfunde aus der Talayot-Siedlung von S'Illot«, der Verfasser ist Mitarbeiter des Instituts für Paläoanatomie der Münchner Universität. In einer lateinamerikanischen medizinischen Zeitschrift erschien ein Artikel zur Kunst des vorgeschichtlichen Schädelaufmeißelns in Mallorca.

Von diesem Mascaró gibt es auch einen Vortrag über »Frühe Wasserspeicher auf den Balearen«. Wie man Regen festhält, haben die salzig Eingeschlossenen früh trainiert. Für Flüsse reicht die Ausdehnung nicht, für genügende Mengen Grundwasser nicht die Masse Land. Auch beim schnellen Passieren mit dem Auto auf der Landstraße kann man erkennen, daß ein Haus eine Zisterne unter sich hat. Zum Hineinbeißen animierende, in Farbe und Beschaffenheit der Oberfläche an Knäckebrot erinnernde Rinnen aus Tonziegel laufen vom Ziegeldach schräg nach unten, an die Außenwand gemörtelt. Außer in Palma steht kaum ein Haus ohne seinen unterirdischen Hohlraum, birnenförmig, wenn älter, oder rechtwinklig, mit enger überdeckter Öffnung. Manche dieser erfrischenden Gruften mögen Fundgruben sein, jahrhundertealte Gefäßmuseen. Im Herbst, wenn erster Regen Dach und Terrassen gewaschen hat, öffnen die Bewohner die Zuflüsse. Im ganzen Haus hört man dann das prasselnde Gedröhn der in die Tiefe stürzenden Flut. Eine in der Nähe stehende Pinie schickt beharrlich neues Wurzelwerk hinüber, nähgarnfeine Fasern brechen Haarrisse durch Beton und Fels. Eines Tages – es dauert oft Jahrzehnte – kann das Gewölbe seine Schätze nicht mehr halten, sie versickern im Erdreich, machen die Pinie groß und saftig. Der Brunnenbauer fin-

det ein kastanienbraunes Netz, es schwebt dreidimensional in der Höhle, das Herausziehen will kein Ende nehmen. Das ist die Zeit, Krüge und Eimer verblichener Generationen zu heben. In Küchen mit solchen Ziehbrunnen singt es sich leichter schön. Nicht alle Zisternen enthalten Wasser, unter manchem Estrich liegt ein Weinteich.
Bei der Ausbildung durch Mangel im Umgang mit Feuchtigkeit – oft fällt während eines ganzen Jahres kein Regen – lernten die Bauern, das Wasser zu nutzen, das in Tierkadavern enthalten ist. Stirbt ein Pferd, ein Esel oder ein Rind, vergräbt es der Eigentümer und pflanzt einen Baum darauf.

*

Was Kriege und Bagger auf dem Kontinent aus unserer Vergangenheit getilgt, hier ist beinahe noch alles da, der ganze siebentausendjährige Kalender. Man sucht sich einen Namen aus dem Geschichtsbuch, etwa Graf Zavellá, Vizekönig des Königreiches Mallorca im 16./17. Jahrhundert, und schlägt im neuen Telefonbuch nach. Da steht er, wohnt in seiner eigenen Straße Nummer zwei, im alten Palast.
Während des Weges einer Stunde durch Palmas Altstadt kommt man dahinter, daß Gotik kein Kirchenbaustil ist. Man trifft, zum Beispiel, ein

auffallendes Gebäude, das ähnlich aussieht wie ein Dom zu Hause, ohne Turm jedoch, die obere Hälfte fehlt. Man hört, dieses Stilweltstück war einmal ein Geschäftszentrum, bei dem Architekten Sagrera aus Felanitx bestellt. »Profanbau« heißt das korrekt, im Spanischen sagt man dazu »gotico civil«. Die Zivilgotik kroch in Haushalte, Stühle und Tische kommen noch immer gotisch aus der Schreinerei.

Warum gerade die Wandalen so verrückt gewesen sein sollen, daß man bis heute behauptet, sie hätten »gehaust wie die Wandalen«, hat noch keiner nachvollziehbar dargestellt. Es ist nicht unwahrscheinlich, daß es sich um ein herrscherhartes Kirchengerücht handelt, um eine Verleumdung durch die frühen Katholiken, die gerade seit hundert Jahren von staatlich Verfolgten zu Teilhabern der Staatsgewalt aufgestiegen waren und nun von den Ostgermanen zum Arianismus gezwungen werden sollten, zu einem Christenglauben, der sich um eine Kleinigkeit von ihrem eigenen unterschied. Die andersartigen Christen beherrschten die balearischen Frühkatholiken hundert Jahre lang, angeblich zerstörten sie deren Basiliken, sicher ist es nicht. Heute sieht man Reste, Mauern und Mosaiken bei Manacor, die zum Ältesten gehören, was Menschen in der Glut des großen neuen Kultes zu Bekenntnisstätten verfestigten.

Der angeblich tobsüchtige Volksstamm wich der Macht von Byzanz. Dann galten fast sechshundert Jahre arabische – und das heißt islamische – Verhältnisse. Das ist weder zu übersehen noch zu überhören. Im dreizehnten Jahrhundert gab es in diesem Raum nichts mehr, was den römisch-katholischen Feudalherren hätte widerstehen können. Der Eroberer hieß Jakob eins oder, auf spanisch, Jaimc I. Mit seinen Leuten – in der Hauptsache Katalanen – fing eine Lebensform an, die das Leben der Familien prägt bis jetzt.
Wie seit vielen hundert Jahren sitzen die Dauergäste bestimmter Kneipen im Kamin um das Feuer herum, wenn es sie friert bei vierzehn bis zehn feuchten Graden über Null in der Regenzeit, im »Winter«, mit dem geräumigen Rauchabzugsdach über dem Kopf. Unter der hohlen Pyramide wird in einigen Küchen auf dem Land heute noch gekocht, in einem Kessel, der an einer Kette hängt.
Wer sich in Mallorca vertieft, taucht auf mit einem Netz Europaverständnis.

Die Fischer von Cala Ratjada

Die Bucht ist eine Beschwichtigerin. Ich muß mir ihre Wellen immer höher vorstellen, wenn ich abschätzen will, was das Meer draußen mit mir täte, wenn ich mit dem Kutter hinausführe. Die Wellen kommen gemächlich daher. Von meiner Terrasse aus erscheinen sie gerade einen Meter hoch. Einen Meter, denke ich, warum soll ich da nicht hinausfahren? Sobald die harmlose Meterwoge den Felsen unter meinem Haus berührt, erhebt sich eine weiße Wand aus Schaum, so hoch wie mein Haus, und fällt über mein Ufer her. Vor der Terrasse bricht sie zusammen und rutscht zurück ins Wasser, schlürfend, glucksend, schmatzend. Und ringsum stehen weitere Wände auf.

Vergleicht man meine Bucht mit dem Maul einer Beißzange, dann sitzt das Haus, in dem ich wohne, an der Innenseite, nahe einer der beiden Schneiden. Abends um acht kommen die Kutter hinter der Außenseite der Schneide hervor ins Maul. Sobald sich ihr Bug hervorschiebt, setzt das Pochen der Dieselmotoren ein, ohne Übergang, als wären sie gerade jetzt angeworfen worden, der erste dumpfe Paukenschlag ist ebenso laut wie die nachfolgenden. Allmählich wird das Pochen leiser. Die Kutter entfernen sich zum Hafen hinüber.

Wenn ich die ersten Schläge höre, verlasse ich das Haus und gehe so schnell es mir die Dunkelheit auf den Felsen und dem holprigen Weg erlaubt am Ufer entlang zum Hafen. Der Kutter ist eher da als ich. Die Bucht heißt »Rochenbucht«, in der Sprache der Mallorquiner »Cala Ratjada«. Im Hafen liegen zehn Kutter, sogenannte Heckfänger, einige Dutzend kleine Fischerboote, Jachten. »War das Wetter schlecht heute?« frage ich Juan. Er ist der Patron des Schiffes, auf dem ich fahren möchte.

»Schlecht?« fragt er zurück und läßt sich mit der Antwort viel Zeit. Sie besteht aus einer Silbe, aus dem mit hohem Druck hervorgeblasenen Ruf »Uh!«. Der Laut erinnert mich an die weiße Schaumwand vor meinem Haus. Er soll Sprachlosigkeit anzeigen, die Unbeschreiblichkeit der Tobsucht des Meeres draußen vor der Bucht.

»Was meinen Sie, wie wird es morgen früh sein?« Ich nehme mir vor, ihn so bald wie möglich zu duzen. »Ganz schlecht«, meint er. Das

meint er seit Tagen. Gönnt er mir sein Meer nicht?
Das nächste Mal stehe ich morgens um drei am Kai. Ich bin der einzige Mensch am Hafen. Ich warte auf Juans Bruder Mateo. Er fährt die Fische, die Juans Mannschaft am Abend gebracht hat, nach Palma, das sind achtzig Kilometer, fast der ganze Inseldurchmesser. Ich bin am Lastwagen mit ihm verabredet. Er verspätet sich. Von der Ladefläche tropft Wasser.
Jedesmal, wenn der Kutter in den Hafen eingelaufen ist, holt die Mannschaft die Fische aus dem Laderaum unter Deck, in kleinen, flachen Kisten. Die Männer zerklopfen mit einem großen Holzhammer dicke Barren von Eis zu Eisschutt und schaufeln ihn über die in den Kisten sortierten Fische.
Jetzt tropft das Wasser auf den Kai, Fischwasser. Wasser, das sich langsam vom Eis löst, durch den Fisch sickert, beim Hindurchsickern im Laufe der Nachtstunden Teilchen des Fisches herausholt, Gewebe und Geruchsstoffe. Die Fischmoleküle fallen mit dem Wasser auf den Kai-Beton. Das Wasser rinnt zu einer Zeile zusammen und sammelt sich, wo zwei Steine der Kaimauer eine Fuge bilden. Von der Fuge läuft das Fischeiswasser ins Hafenwasser, eine kalte Fischsuppe für die Fische im Hafenbecken. Was wetten wir, sage ich, während ich unter der Bogenlampe auf Ma-

teo warte, zu mir selbst, daß an der Stelle, wo die homöopathisch gestreckte Brühe ins Hafenwasser rinnt, ein Fischschwarm vor der Kaimauer steht? Ich trete an den Kairand vor, meine Schlauheit mit einem Blick ins Wasser zu testen. Weit mehr als hundert Fische bestätigen mich. Zehn, zwölf Zentimeter lang, stehen sie ausgerichtet, Kompaßnadeln des Hungers, und glotzen in die richtige Richtung, aus der nie etwas anderes kommen wird als ein Versprechen.
Die Landstraße, die Verkehrsachse Mallorcas, gehört uns um diese Zeit. Wir haben für etwa viertausend Mark Fische auf der Ladefläche. Mateo fährt die Strecke seit zwanzig Jahren jede Nacht, außer in den Nächten von Samstag auf Sonntag und Sonntag auf Montag, außer in den Nächten, in denen es keinen Fisch gibt, warum auch immer.
Zwanzig Kilometer vor ihrer Grenze beginnt die Stadt um diese Stunde, Transportfahrzeuge mit frischen Lebensmitteln einzuatmen. Wir, der Fisch, überholen Salathügel und Schweine, Eier und Tomaten, Knoblauch- und Zwiebelhalden und werden von Gurken- und Hühnerhaufen überholt. Um halb sechs sind wir in Palma am Hafen, gegenüber der Kathedrale, die auch schon siebenhundert Jahre herüberschaut, ein musikalisches Gebirge mit siebentausend Quadratmetern Grundfläche.

Die Menschen, die sich hier treffen, kennen sich seit Jahren, man merkt es an dem hohen Grad des Ausgeschlossenseins. Mateo grüßt immer wieder an meinen Augen und Ohren vorbei.
Ein lebhafter alter Mann setzt sich an unseren Tisch. Er sieht aus wie die Nazi-Karikatur eines Juden, gekrümmtes Profil, hervorstehende Augen, der Mund ein schlecht aufgepumpter Autoschlauch. Sie unterhalten sich auf mallorquin. Zwei weitere Männer finden unseren Tisch so interessant, daß sie sich dazusetzen. Der alte Händler unterhält uns alle, ab und zu spricht er spanisch, damit er auch von mir etwas hat.
Ich wollte den Kaffee für alle am Tisch bezahlen. Er erledigte das eher beiläufig, zog einen Stoß von Tausendpesetenscheinen aus der Tasche; tausend Peseten entsprachen 38 Mark. Er brauchte das Bargeld, es war sein Werkzeug, um Handelsangelegenheiten wahrzunehmen.
Als während des Mittelalters die spanischen Christen ihre Juden umbrachten, wanderten viele der Verfolgten nach Mallorca aus. Dort regierten damals, im 12. Jahrhundert, noch die toleranten Araber. Aber die Christen kamen bald hinterher und verbrannten nach der Eroberung der Insel auch dort die Juden in großer Zahl. Immerhin war der Beitritt zum Christentum als Ausweg erlaubt, weshalb Mallorca heute nach New York, Israel und dem Jüdischen Autonomen Ge-

biet in der Sowjetunion die Region mit dem höchsten Anteil an Nachkommen jüdischer Vorfahren ist.
Man erkennt sie, wenn sie nicht so eindeutig aussehen wie der Fischhändler Miró, an ihren Namen. In manchen Ortschaften sollen sie mehr als die Hälfte der Bevölkerung ausmachen. Mateo sagt, es gebe keinen Antisemitismus auf der Insel. Warum nennt man sie heute noch Juden, wenn sie seit Jahrhunderten Christen sind?
Die Fischhändler von Mallorca schirmen sich ab. Sie lassen niemanden in ihre Börsenhalle, der nicht am Rockaufschlag, häufiger am Pullover, seinen in Plastik versiegelten Händlerausweis trägt. Es ist ihr eigener Laden, sie haben den Bau bezahlt. Wer kaufen und verkaufen möchte, muß Bedingungen erfüllen; eine Sicherheit hinterlegen, seinen Fisch pünktlich bezahlen, wenn er Wiederverkäufer ist, er kommt sonst nicht mehr zu seinem versiegelten Porträtchen, nicht an den Fisch.
Bringen die Fischer mehr als den Durchschnitt, müssen sie mit den Preisen herunter. Die Händler treiben bei kleinerem Angebot die Preise in die Höhe, weil jeder von dem Wenigen die gleiche Menge kaufen möchte wie sonst.
Eine Minute vor sechs stehe ich auf der Empore, wo die Kaufleute ihre Büroräume haben. Unter mir in der Halle zweihundert Personen, dreihun-

dert. Vor sechs Uhr darf nichts passieren. Wenn die Zeiger der großen Uhr über der Menge zur senkrechten Linie zusammenspringen, darf der Händler zum Fischer sagen: »Ich will diese und diese Kiste, ich zahle dafür das und das.« Vorher darf er das nicht sagen. Da gibt es – unter Freunden – Augenzwinkern vor sechs. Und gerade Mateo scheint zu jenen zu gehören, deren Lieferung verkauft ist vor dem Zeigersprung. Auf »unserem« Boot wird angeblich besonders sorgfältig ausgelesen.
Ich stehe mit Mateo bei unseren dreißig Kisten. Zum Kaufen der Fischpartien brauchen die Händler ein Werkzeug. Ein dünner Spazierstock aus Stahl hängt an ihren Fingern, am unteren Ende zum Haken gekrümmt. Wo Blinzeln, Frage und Antwort die Gewalt eines Vertrages erreichen – die Mindestmenge ist eine Kiste zu zwölf Kilo –, schlägt der Erwerber seinen stählernen Spazierstöckchenhaken in den Kistenrand und zieht die Ware über den feuchten Hallenboden hinaus ins Freie zu seinem Lieferwagen. Mateo schreibt in einen Formularblock Menge, Sorte, Preis und Käufer, mit Durchschlag. Mit den Formularen steigt er auf die Empore, wo es Geld gibt.
Dann holen wir unsere Kisten vom Vortag aus dem Lager, dorthin bringen die Käufer die Kisten zurück. Es ist nicht Mateos Art, Erklärungen ab-

zugeben, er verläßt sich darauf, daß ich ihm ansehe, wann ich wieder in den Lastwagen einsteigen muß. Im Führerhaus staut sich bereits Sonnenwärme. In der Stadt steigen wir wieder aus, steigen kühle neue Marmorstufen hoch, betreten kühle Büroräume. An den Wänden hängen Farbdrucke aus Dänemark mit kanadischen, amerikanischen und europäischen Flußfischen, mit Mittelmeerfischen und Fischen aus dem Pazifik. Im Chefzimmer sitzt Miró.

Im Laufe des Vormittags stellt sich heraus, daß er ein reicher Mann ist. Er kann sich Bauch und verbeulte Hosen leisten und seinen niedrigen Wuchs, ich – mitteleuropäische Durchschnittsgröße – komme mir neben ihm vor wie eine Giraffe. Miró hat die renommiertesten Fischläden in Palma und beliefert Hotels der ersten Kategorie. Er lacht, er macht Witze, er verwischt den Ernst, mit dem er ein Leben lang Vermögen an sich gebunden hat. Ich komme mir schon pathetisch vor, wenn ich ihn nur beobachte.

Dieser Miró hat einen Sohn, er sieht nicht nur so aus wie der Vater, wenn auch vierzig Jahre jünger, er ist ebenso unfeierlich, unfein. Ich frage ihn: »Kann man diese Karten an der Wand kaufen?« – »Alles kann man kaufen«, antwortet er, ohne nachzudenken und mit einer Stimme, als sagte er: »Die Würde des Menschen ist unantastbar.«

Mateo und Miró haben geschäftlich miteinander zu tun. So erfahre ich, was man nicht sieht. Das Schiff meines Patrons gehört zur Hälfte Miró, und damit gehört ihm auch die Hälfte des Eigentümeranteils am Erlös. Weil Miró Juan das Geld geliehen hat, seinen Schiffsanteil zu kaufen, erwarte ich, daß die Brüder über Miró klagen. Nein, sie sprechen in freundlichen und respektvollen Worten über ihn.
Auf der Heimfahrt reißt uns der Fahrtwind ein bißchen Hitze aus dem Führerhaus. Mateo erzählt. Sein Vater war sieben Jahre als »Roter« im franquistischen Gefängnis in Palma. Wir fahren am Gefängnis vorbei, heute ist es ein Kino. Die Brüder gehören zu den aktivsten Sozialisten ihrer Gemeinde. Vier Wochen später werden sie ihren Kandidaten als Bürgermeister durchsetzen, wird Mateo Zweiter Bürgermeister sein.

*

Fast habe ich mich an das frühe Aufstehen gewöhnt. Ich nähere mich dem Schiff um halb drei Uhr morgens in kleineren Schritten, mit vorgerecktem Kopf äugend wie ein Wasservogel. Da ist ein Licht, zu dem Licht gehört ein Mensch. Ich sage artig mein »Guten Tag«. Er kommt aus dem Häuschen, das man in der Seemannssprache »die Brücke« nennt. Im Inneren, zu »ebener Erde«, ist die Kombüse, ein Kämmerchen mit

einer Sitztruhe, einem Wandschrank und einem zweiflammigen Gaskocher. Drei Stufen nach oben rückwärts der Kommandostand. Das Licht kommt aus der Kombüse. Der Mann spült einen Kaffeefilter aus: »Trinken Sie auch einen Kaffee?« Noch drei, vier Männer treffen ein, große Neugierde auf mich entdecke ich nicht bei ihnen. Ich achte darauf, jeden im richtigen Augenblick zu grüßen. Als letzter kommt Juan, meine »Bezugsperson«.
Er steigt nach oben, steckt seinen Kopf aus dem Fenster. Er sagt einige Wörter vor sich hin, die Folge ist, die Männer lösen die Taue und stemmen das Schiff von der Kaimauer. Die Mauer entfernt sich, nach einem Meter droht uns der Kutter in sehr lauten, harten, strengen, kurzen, einzelnen Silben, es ist nichts anderes mehr zu hören. Der Hafen ist auf einmal sehr klein. Wenn du aus dem Fenster schaust und dein Haus fängt an, auf den Tabakladen der anderen Straßenseite zuzurutschen – so ungefähr muß es sein.
Ich trinke meinen Espresso auf der Brücke neben Juan. Am Ruder steht Antonio, die beleuchtete Kompaßskala vor der Nase. Der Mann, der den Kaffee gemacht hat, sitzt auf den Stufen. Es ist dunkel in der Kabine, nur einige Instrumente leuchten uns. Das Gekeife aus dem Maschinenraum, das uns aus Cala Ratjada vertrieb, wird durch Gewöhnung in Musik verwandelt, dessen

Komponist mit einem Zwölfzylinder-Dieselmotor arbeitet. Wir fahren unter dem gestreiften Schirm, der sich um den Leuchtturm von Capdepera dreht und bis zum Horizont reicht. Der Turm steht auf dem östlichsten Punkt der Insel, tausend Meter von meinem Haus.
Der Mast rührt in den Sternen herum. Ich stehe allein auf dem Deck, genau in der Mitte des Schiffes. Dort verlangt das Meer die geringste Balancierarbeit. Ich kontrolliere Antonios Kurs, er steuert Richtung Norden, sagt er. Er läßt den Polarstern oft und lang die Radioantenne umtanzen. Wir fahren zwischen Mallorca und Menorca hindurch.
Erst Stunden später verstehe ich, daß die Männer um diese Zeit unter Deck schlafen gehen. Juan geht, wenn wir drei Leuchtfeuer wahrnehmen, von Formentor, Menorca und Capdepera. Antonio bleibt allein, er steht aufrecht, groß, mit Wollmütze, am Steuerrad, ein Dirigent, der eine moderne, sehr subtile, wenn auch laute Musik sehr subtil dirigiert, mit einer Bewegung des Steuerrads oder mit der Verlagerung eines Beines. Und wer genau hinhört, der bemerkt, wie sich an der Instrumentierung der Dieselmaschine etwas ändert, wie manche Töne deutlicher hervortreten und andere, die man bis zum Überdruß kennt, sich zurückziehen. Die Maschine kommt aus Dänemark, sie kostete 400 000 Mark, soviel wie drei

Häuser auf Mallorca. Sie beansprucht ein Zimmer für sich, das größte.
Ich hatte zwei Stunden Schlaf gehabt und spürte leichte Übelkeit. Ich wußte, siebzehn Stunden würde ich ohne Pause damit beschäftigt sein, mein körperliches Gleichgewicht zu halten. Ich war in einem Gefängnis, übermüdet, mit Schlafverbot und Schaukelfolter. Das Meer widerte mich an.
Nach zwei Stunden kam wenigstens Juan zurück. Des freundlichen Antonios Unlust zu reden war bedrohlich. An Juan gab es auch einiges zu gukken. Antonio hielt dauernd das Steuerrad in Händen und rührte sich nicht vom Fleck, er mußte auf die Musik aufpassen, er lauschte. Juan überließ das Ruder sich selbst, warf ab und an einen Blick auf den Kompaß, korrigierte eventuell, war immer in Unruhe. Die Bootseigner unterhielten sich miteinander über das Funkgerät im Umkreis von zweihundert Kilometern. Mal sprach Juan spanisch, mal mallorquin. Er war dauernd beschäftigt, während es nichts zu tun gab, als zu warten, bis das Boot die Stelle erreichte, wo das Netz ins Wasser gelassen werden sollte.
Wo Juan wirklich Erstaunliches zu bieten hatte, gab er eine übertrieben sparsame Demonstration: Das, was du so an mir bewunderst, kostet mich 'n Klacks. Er sieht die Landschaft um die Balearen, als wäre sie nicht von Wasser bedeckt.

Fünfundzwanzig Jahre lang hat er sie an jedem Werktag siebzehn Stunden abgetastet. Er zeigt auf den Papierstreifen im Echolot: »Gleich fällt der Boden senkrecht ab, und dann verläuft die Linie waagrecht.« So ist es. »Wenn die Ebene anfängt, schmeißen wir das Netz aus.«
Endlich passiert etwas, was mich rechtfertigt. Dem Netz folgen zwei »Türen« aus Holz, mit Stahlumrandungen, sie halten das Netz auseinander. Sind die »Türen« verschwunden, rollen tausendfünfhundert Meter Kabel von den Trommeln.
Diese Ereignisse haben akustische Konsequenzen. Die Aufführung der Symphonie der zwölf Zylinder ist zu Ende, das Orchester bleibt noch, übt kleinere Kompositionen. Beginnen sich die Kabeltrommeln zu drehen und ihre anderthalb Kilometer herzugeben, spielt der Klangkörper unter den Deckplanken ein neues Stück, eine Vierstundensymphonie in Moll. Das Schiff fährt jetzt langsamer. Es schleppt.
Die Männer sitzen und rauchen. Die beiden Kabel stechen wie Stangen flach ins Wasser. Immer noch ist mir ein wenig schlecht. Irgendwann fragt Juan, ob ich mich hinlegen möchte. Der Bugraum unter Deck enthält sechs Kojen. Ich lege mich unter eine der alten, schmuddeligen Decken, zufrieden. Das Schiff versucht fortwährend, mich auf den Rücken zu drehen. Ich strecke einen Arm weit von mir ab, mache aus ihm einen Ausleger. Der

Arm stabilisiert den Rumpf und verkleinert seine Wälzbewegungen. Ich lauere, ob meine Übelkeit zunimmt. Der Treppenaufgang führt auf die Brücke. Vom viereckigen Ausschnitt sinkt trübes Licht herunter, das erinnert mich an unsere Scheune zu Hause. Ich versuche herauszufinden, woran ich erkenne, daß sich das Viereck des Aufgangs hebt und senkt. Das Schiff schwankt nach allen Seiten. Ich werde geschwenkt, als wäre ich der Inhalt einer Schüssel. Wände und Decken knattern wie Flügelschläge von Wildenten, das Schiff ist aus Holz. Ich mache mit Absicht ein zufriedenes Gesicht, um etwas weiter vom Rand der Übelkeit wegzukommen.
Um elf Uhr reißen die hundert Dezibel mit einem Ruck. Die Maschine »mahnt« nur. Das Schiff macht andere Bewegungen, kürzere, heftigere. Oben rufen sie sich Dinge zu. Ich bin aufs höchste beunruhigt.
Die zwei Großen unserer Besatzung, Antonio und der Steuermann, auch ein sogenannter Jude, standen auf der Heckkante, einer an jeder Seite. Ihre Gestalten sanken und stiegen durch den Horizont. Sie warteten auf die »Türen«. Langsam drehten sich die Trommeln und verwandelten die Eisenstangen, die flach und zitternd aus dem Meer ragten, wieder in Kabel. Juan hatte seinen riesigen Kopf aus dem rückwärtigen Fenster der Kabine gesteckt und paßte auf.

Das Schiff machte kaum Fahrt. Die »Türen« – mannshoch, über einen Meter breit, zehn Zentimeter stark – stiegen aus dem Wasser, wurden mit dem Flaschenzug polternd hochgehievt und an den Seiten vertäut. Den beiden Kabeln folgten jetzt Stricke. Während sie von den Trommeln aufgespult wurden, rann hellbraune Erdsauce aus ihnen aufs Deck. Lange bevor das Netz zu erkennen war, zeigte ein Schwarm von mehreren hundert wild durcheinanderfliegenden Möwen an, daß es dicht unter dem Wasserspiegel trieb. Ich rannte zu verschiedenen Stellen des Schiffes und suchte den wirkungsvollsten Winkel für die Kamera.
Das Hin- und Herspringen mit dem Fotoapparat und die Blicke durch den Sucher beherrschten mich nur an der Oberfläche. Es erfüllte mich etwas anderes. Unter dem Meeresspiegel, in dem zwanzig Meter langen Netzbeutel, ereignete sich etwas Unheimliches. Da unten war ein Kosmos von Qual. Tausende von Lebewesen, von Freßinstinkt und Todesangst verwirrt, die nicht begriffen, was mit ihnen geschah, die etwas Wahnsinniges erlebten, auf engstem Raum zusammengepfercht wurden, gegen jeden Impuls aneinandergepreßt. Ich esse Fisch, nicht ausgemacht selten; habe auch schon geangelt. Jetzt war ich Assoziationen ausgeliefert an die Inquisition, an Maidanek. Ich weiß, es ist abwegig und nicht vernünftig. Wenn ich an die Masse lebender Tiere unter dem

Wasserspiegel dachte, beschlich mich eine traurige, unheildrohende Stimmung, als geschähe etwas, das diese Männer beflecken würde auf Jahre und mich dazu. Ich plädiere nicht dafür, den Fischfang abzuschaffen, ich versuche, die Empfindungen in Worte zu bekommen, die in mir waren, während das Netz und die Möwen näherrückten. Die Menschen brauchen Eiweiß und Mitleid.

Das Netz lag lang und hellgrün im dunklen Schiefergrau, eingerahmt von braunen Stricken. Der Fang sammelte sich in den letzten fünf Metern, im Beutel. Antonio und der Steuermann zogen mit dem Flaschenzug den großen Strumpf Stück um Stück aus der Brühe, die anderen schleppten das Gewebe nach vorn und lagerten es dort ab, bis das Reststück, »el saco«, ans Heck gerückt war. Unter dem kreischenden Beifall der Möwen schleiften sie den Sack über die Heckkante. Sie ließen das prall gefüllte Beutelnetz eine Weile am Flaschenzug hängen, zerrten die Basis an eine bestimmte Stelle auf dem hinteren Deck und ließen es dann fallen. Das Netz breitete sich aus wie ein Teig. Silber und rot, ein Hochrelief aus kleinen Fischköpfen, ist durch die Maschen gewachsen. Aus jeder Netzmasche ragt ein Kopf bis zu den hellrot leuchtenden Kiemen, hellrot leuchten die kleinen Rachen, in jeder Masche ein aufgerissenes Maul. Ein geometrisches Muster.

Antonio und der Steuermann entleerten den Sack auf die Planken, machten aus dem Fladen einen Haufen. Sie warfen das Netz wieder ins Wasser, versenkten die »Türen«, der Koch und der Andalusier stehen wieder an den Trommeln und spulen die Kabel ab. Das Schiff zieht wieder den hungrigen Strumpf durch die Ebene nördlich der Insel Mallorca.
Bei den Fischen lagen Plastiktüten, Konservendosen, Flaschen, große Fetzen schwarzer Folie, drei Puppen aus Plastik, ohne Arme und Beine, und anderes, schwer zu definierendes Gerümpel. Der Müll ließ die Fische aussehen wie Müll.
Träg wie fließender Honig regten sich graubraungrüne Kraken. Die Garnelen versuchten unermüdlich, über Stunden hinweg, sich mit den gepanzerten Hinterleibern an die Brust zu schlagen. Die Katzenhaie wedelten mit Kopf und Schwanz gleichzeitig. Seeaale peitschten mit sich auf andere ein. Garnelen und Katzenhaie bewegten sich noch, wenn sich sonst nichts mehr rührte.
Der Andalusier, der Steuermann und Antonio setzten sich auf Kisten vor den Haufen und sortierten. Die Eiweißlappen, die Rochen, klatschten auf die Planken steuerbords, mit den Katzenhaien. Die anderen Sorten schichteten sie in Kisten. Flaschen, Dosenblech und Plastik flogen dorthin, wo alles schon einmal hingeflogen war. Die Arbeit verwandelte die Beute in Ware.

Aus den Mäulern einiger Seeteufel und Rochen ragten Fische. Zu den Sehenswürdigkeiten gehörte eine Seespinne, eine gelbrote harte Kugel von rauher Oberfläche mit sechs fünfzig Zentimeter langen Stockbeinen. Neben einem Katzenhai lag eine nackte Puppe auf dem Rücken und betrachtete mich mit dem Ernst einer Behinderten. Der Katzenhai versetzte ihr ab und zu einige Schläge, wie ein künstlicher, aufgezogener Katzenhai.
Nach einiger Sortier- und Aussortierarbeit blieb Unverwertbares zurück, das die Fischer bei der Arbeit störte. Sie warfen es mit einer großen Holzschaufel über Bord, kleinere Ausgaben verschiedener Fische. Die Möwen fielen mit einem Aufschrei auf die Geschenke.
Der Koch hatte endlich die Gasflammen in seinem Kämmerchen entzündet und sein Aluminium darübergestellt. In einem der Töpfe kochte Gemüse für die Fischsuppe. Er nahm einen Seeaal, schnitt ihn, wie ein Lebensmitteleinzelhändler die Wurst, in der Mitte durch und zog ihm die Haut ab. Er suchte zwei Dutzend der dicksten Krevetten; in die Suppe kam Reis. Für den zweiten Gang nahm er zwei oder drei Seeteufel aus. Das Beste vom Besten, auf dem Markt das Teuerste. Jeder bekam dazu Zitronenscheiben und ungesalzenes mallorquinisches Weißbrot. Die Fischer spritzten sich aus einem Lederbeutel Rot-

wein in den Rachen. Selten habe ich mit so großem Appetit gegessen, und nie haben mir Krevetten so gut geschmeckt – eigentlich mochte ich sie nie.
Ist der letzte Fisch aus dem zweiten Maschenbeutel aufs Deck geronnen, schaltet Juan auf volle Kraft voraus und wirbelt – immer mit dem Kopf aus dem hinteren Fenster – das Steuerrad herum. Der Kutter wendet. Was mir in der Nacht wie ein Wutschrei geklungen hatte, klingt jetzt wie Jubel aus dem Blechkamin. Es ist vier Uhr nachmittags, zwischen sieben und acht werden wir in Cala Ratjada sein.
Die See wird unruhiger, die Wogen quellen rasch unter den Backbordplanken hervor und rennen davon. Der Wind wird stärker.
Antonio und der Steuermann sitzen vor dem Fischhaufen, werfen aus dem Schiff, packen in Kisten. Der Andalusier nimmt die Rochen aus. Er zieht sie mit einem Eisenhaken an sich heran, schneidet den Schwanz ab, bedeutet mit einer Bewegung der Klinge, daß der Schwanz ab sei. Zieht einen Schnitt über den Bauch, greift hinein, kappt die Eingeweide, wirft den Restrochen in eine Kiste. Der liegt noch nicht richtig, da ist der Schwanz des nächsten abgetrennt.
Der Wind hebt jetzt Schleier von den Schaumkronen, zieht sie über die Männer im Heck. Die glänzen in Ölzeug, während sie den Kleinkram

hinauswerfen und Fische in den Kisten mit einem armdicken Wasserschlauch durchspülen.
Der Sonnenball sinkt aufs Wasser. Unter seinen flachen Strahlen wird unser Kutter ein rotglühender Nachen, er stürmt über schieferdunkle Unendlichkeit dahin. Das Schiff taucht einmal mit dem rechten Rand ins Wasser, einmal mit dem linken, es nimmt Wellen an Deck. Ich frage Juan, ob der Seegang an den Tagen, als ich nicht mitgefahren bin, auch so stark war. »Uh!« macht er, das heißt: unbeschreiblich viel schlimmer.
Als die siebzehn Stunden Fischfangbeobachten vorüber waren, waren sie nicht vorüber. Immer wenn ich einen Schritt machte, mußte ich warten, bis mein Haus an der Bucht wieder stillstand.

Der alte Clan und das Meer

Juan Gual de Torrella, ungefähr sechzig, sagt: »Seit achthundert Jahren bin ich der erste von uns, der arbeitet.« Und: »Die italienische Insel Ischia haben wir auch einmal besessen.«
Seine Mutter konnte zwanzig Kilometer von der Stadtgrenze Palmas südwestwärts gehen, sie bewegte sich dann noch immer auf dem Privatgrund ihrer Eltern. Ihr Weg führte an der westlichen Seite des Golfs von Palma entlang, die Vorsprünge der Küste abschneidend, von Einschnitten mehlig-feinen Sandes unterbrochen – heute gehört der Sand, gesäumt von gewaltigen Krusten aus Wechselstuben, Souvenirläden, Diskotheken, Banken, Restaurants und Schlafspeichern, zu den bekanntesten Adressen und zu den beliebtesten Artikeln der Reisekataloge. Am Ende des Inselhappens, wo auch die Bucht aufhört, wären ihr nach einem Schwenk im rechten Winkel bald bewaffnete Soldaten in die Quere

gekommen und hätten sie gehindert, auf dem Familiengrund weiterzugehen. Ihr ältester Bruder, der Haupterbe, hatte einige Quadratkilometer Land am Meer an die spanischen Streitkräfte verpachtet, auf unbestimmte Zeit.

Sollten sich die Verhältnisse in der Welt einmal so ändern, daß die Militärs einen Erguß feindlicher Truppen in das Becken von Palma ausschließen wollten und den Stützpunkt auflösten, darf die Familie über das Terrain wieder verfügen – so steht es im Pachtvertrag. Der Erbe wird den staatlichen Maschendrahtzaun dankbar übernehmen: Von der angrenzenden Landschaft gehört ihm nichts mehr, kein Baum der Pinienwälder, keine Strände, Gehöfte, Grotten, Felder und Klippen. Gäben ihm die öffentlichen Pächter den einen Kilometer breiten und knapp drei Kilometer langen Küstenharnisch jemals zurück, wäre er ebenso reich, wie es die Vorfahren gewesen sind. Was da unbesiedelt aus dem Inselkörper in südlicheres Mittelmeer hinausragt, von der Stadt nicht weit entfernt, wäre im Handumdrehen prominenteste Urbanisation, jede Parzelle ein Vermögen mit einer guten Durchschnittsrente.

Stellt man sich Mallorca als eine Holzplatte vor, ähnlich in die Hand zu nehmen wie eine Malerpalette, schlüpft im Sommer alle zwei Minuten ein Erholungstransporter unter dem Daumen hervor. Von der gegenüberliegenden Seite der

Platte ragt der Mittelfinger in den Himmel, aus einem Griffhalbrund, das fast dieselbe Form hat wie der Westbogen. Die Bahia von Alcudia und die von Palma streben zueinander, möchten die Insel einschnüren, das flache Südland vom Gebirgsriegel im Norden trennen. Irgendwann wird das Wasser die beiden verbinden, man kann die langfristigen Absichten erkennen.

Das Land am Ostbogen läßt Sümpfe und einen Brackwassersee in sich hinein, die Region wurde Zuflucht und Schutzgebiet seltener Wasservögel. Der Nordostwind schiebt in den Wintermonaten hohe Hügel Meer auf die niedrige Sandlände.

Zwischen den Schilfschöpfen glänzen alte Kanäle, Reste eines kapitalistischen Wagnisses aus einer Zeit, die über hundert Jahre zurückliegt. Eine Brücke heißt »Brücke der Engländer«. Zwei englische Ingenieure, Erbauer des Hafens von Buenos Aires und Mitkonstrukteure des Suezkanals, hatten Kleinbauern vier Millionen Quadratmeter feuchter und fruchtbarer Ebene abgekauft, Entwässerungskanäle ziehen und überbrücken lassen, sie hatten eine Million Pfund Sterling investiert. Damals kostete ein Tagelöhner »von Sonne zu Sonne« eine Pesete. Nur einmal machten die beiden ein Geschäft nach ihrem Gusto, 1870/71 verkauften sie an die gegeneinander Krieg führenden Franzosen und Preußen größere Mengen Hafer. Danach fanden die beiden

Agrarier keine Kunden mehr in wirtschaftlicher Entfernung; Mallorca war kein Markt. Sie kamen mit ihrer Tüchtigkeit zu früh, erst achtzig, neunzig Jahre später näherten sich Verzehrer von Brot und Gemüse in ausreichender Zahl hiesigen Ernten.
Der Großvater von Juan Gual de Torrella kaufte die Länderei. Der Vater heiratete das feudale Mädchen, das sich auf dem Grundstück ihrer Familie die Fesseln zuschanden wandern konnte, ohne die Richtung zu ändern. Sie gebar zwölf Kinder. Es gehörte zur überlieferten Vernunft, häufig zu schwängern. Lust spielte ihre zufällige Rolle, Verhütungsakrobatik nicht. Die Sterblichkeit der Kinder war um so höher, je niedriger das Lebensalter. Außer Juan überlebte nur ein Bruder. Beide Häuser haben – wie andere Adelsgeschlechter – alles Land verloren.
Die Geschichte von Herrschaft ist unter anderem ein Katalog von Begriffsstutzigkeiten. Alle Macht war seit dem frühen Mittelalter vom Besitz an Grund und Boden ausgegangen. Auf einmal ließ die Gewalt der Scholle über die Menschen nach. Die christliche Aristokratie überlebte sich zu Tode. Auch in Mallorca. Nach siebenhundert Jahren schmolz ihr politischer Einfluß mit der Rendite ihrer Güter. Die Erde gab um 1900 ebensoviel her wie um 1700, eher mehr, doch die Produkte wurden vom Markt geringer bewertet. Ge-

sellschaftliche Reichtümer entstanden — statt wie bisher auf dem Feld — mehr und mehr in Fabriken. Die Patriarchen in den klassischen Palästen genierten sich, öffentlich beim Investieren erwischt zu werden. Einige beteiligten sich anonym an dem ordinären neuen Segen. Die meisten ließen sich von der Gewalt ihrer alten Bedürfnisse in Wollust ruinieren. Sie lebten von Schulden und der Hoffnung auf neue Kredite, bis Land, Herrensitz und Stadtpalais den Geldverleihern gehörten. Einer Guillotine bedurfte der Systemwechsel nicht.

Der Großvater von Juan Gual versuchte das Feudalleben seines Clans in voller Breite aus den Stürmen der neuen Arbeitsergiebigkeit herauszusteuern. Er züchtete Schilf. Juan bewahrt ein Album mit Dokumenten und Schwarzweißfotos. Der Vater hat die immobile Errungenschaft an der Bucht von Alcudia richtig belichtet. Wir sehen Arbeiter mit nacktem Oberkörper, genauer, bei einigen vermuten wir die Nacktheit, sie stehen bis zum Hals im Wasser, hieven Ballen Langhalmiges aus der Tiefe eines Grabens. Auf schmalem, sandigem Weg steht ein Oldtimer mit abgespreizten Kotflügeln. Kolonnen von Schilfhalmen ziehen dicht gedrängt über weite Felder. Auf einem Eisensteg unter hoher Sonne Juans Vater, ein Herr in schwarzem Anzug, schwarzer Hut, Schattengesicht.

Angerostete Heftklammern halten mehrere Aufnahmen randlos aneinandergefügt zu einem Panorama der Bahia von Alcudia, ein einsamer Dünenbogen, der sich im Horizontdunst auflöst. Ein Gebiß aus Hotels und Bungalows steht heute – mit einer größeren Lücke noch – dort, wo die scharfe Fotografie des illustren Amateurs Pinienzone, Sumpf, See, Schilf und Äcker ausweist.

Juan kann auf dem ehemaligen Grundeigentum seines Vaters Uhr und Auto reparieren, sich einen Zahn plombieren lassen, in Kinos gehen, ein Bankkonto einrichten, in einer Hotelsuite übernachten, an jedem Tag des Monats in einem anderen Restaurant essen und alles einkaufen, was er braucht, einschließlich Büroeinrichtung und Schlafzimmergarnitur. Der neue Stadtplan von Alcudia liegt mit seinen südlichen Vierteln grellfarbig auf den schwarzweißen Plantagen des Fotografen.

Als man Gehsteige und Fahrbahnen über den Humus spannte, Sparkassen und Herbergen auf die Tomaten stellte, zählte Juan, der Sohn, schon die zerfledderten schmutzigen Pesetenscheine, die die Filiale der Bank von Spanien in Palma aus dem Verkehr zog und vernichtete. Sein Bruder, heute 64, schmeichelte bürgerlichen, begüterten Kosmopoliten mit seinem blauen Blut, führte sie fünfsprachig gelehrt von Inselseltenheit zu Inselseltenheit – und tut es immer noch. Als ihr Vater die Grundstücke nicht mehr besaß, entwickelten diese ihre wunderbare Fähigkeit, fremdes Geld in unaufhörlich wachsenden Summen anzuziehen. Der Vater hatte sich fortschrittlich, nach Kapitalistenart, gewehrt gegen den Rausschmiß der Feudalherren aus der Geschichte – wenn auch nicht mit gebotener Buchhalterstrenge. Ein Eintrag im Album vermerkt den Versand von fünfzig Tonnen Schilf im Jahr 1929 an eine Papierfabrik in Breslau. »Es ist absolut unmöglich, eine Pflanze zu finden, die eine größere Ausbeute an Zellulose erbringt als Schilf!« schreibt er. Er begnügte sich nicht, wie der Großvater, mit der Rohstoffproduktion. Bei einem Schrotthändler in Valencia klaubte er einen Maschinenkomplex frei, der einem Unternehmerkollegen aus dem bürgerlichen Klassenfeindlager für die Herstellung von Papier nicht mehr gut genug gewesen war. Der Anlage fehlten die Trockentrommeln, er ließ sie von einem Schlosser nachbauen. Er besorgte sich Kessel zum Zerkochen der grünen Binse. Jedes Gerät, jeder Apparat ist mit Einkaufspreis auf einer Liste vermerkt. »Im zweiten Jahr des Sieges«, schrieb der Alte und meinte das Jahr 1938 – Offiziere Francos hatten im ersten Bürgerkriegsjahr die Verwaltung der Balearen übernommen –, ließ er die Firma handelsrechtlich eintragen. Es wird nie Papier geliefert.

Ein Direktor des größten spanischen Unternehmens der Branche, eine Aktiengesellschaft, machte ihm – wie es in der Mafiasprache heißt – ein Angebot, das er nicht ablehnen konnte. Mariano Gual de Torrella, der Marktneuling, stand vor der Wahl, sich niederkonkurrieren zu lassen oder die Erzeugung von Papier gegen einen Unterlassungssold einzustellen. Überdies verpflichtete sich die Konzernleitung, zum Marktpreis aufzukaufen, was an Fasern aus seinem Modder wachsen würde. Der Markt war der Konzern.

Die geschichtsbildende Kraft überkommener Bedürfnisse erwies sich stärker als die merkantilen Vorsätze des erlauchten Geschäftsmannes. Es war ihm nicht gegeben, die Zahl seiner Köche und Diener zu verringern; Verwandtschaft und Schmeichlerschar die gewohnten Bankette abzuschlagen; Kutschen, Pferde, Stallknechte, Wohnungen in Paris und Genf aufzugeben; geschweige, neureichen Emporkömmlingen Miete abzunehmen für noble, meist leerstehende Bleibe. Strenger als alte Konsumneigungen und ritualisierte Laster bindet die Angst vor der Meinung der Leute den gesellschaftlich Absteigenden an die Verschwendung. Mariano Gual de Torrella stützte seine soziale Fassade mit Bankdarlehen. Was ihm aus dem Ried bei Alcudia oder auf den Feldern an Oliven und Mandeln an

Tauschwert zusprießte, reichte nicht aus, Näherinnen, Gärtner, Haushälterinnen, Kinder und Alte zu ernähren und anzuziehen.
Mariano Gual de Torrella hatte fast achthundert Jahre mallorquinischen Herrscherlebens zu repräsentieren. Die wichtigste Person der Inselvergangenheit, Jaime (Jakob) I., »der Eroberer«, König von Aragonien und Katalonien, erschien im September 1229 mit 12 000 Fußsoldaten und 1500 Rittern in 145 Schiffen an der Westküste. Er nahm den Mauren die Eilande wieder ab, die sie, mit kürzeren Unterbrechungen, über 500 Jahre besetzt gehalten hatten. Ein solches Unternehmen konnte Jaime allein damals weder befehlen noch finanzieren. Er mußte andere Edelleute als Erster unter Gleichen überzeugen, daß die Expedition Gewinn bringen würde. Einer seiner dreizehn Kompagnons – oder Kommanditisten – war ein Gual de Torrella aus dem katalanischen Gerona. Die dreizehn teilten die Insel unter sich auf.
Im Treppenaufgang von Juans Haus sind auf Ölbildern, hoch wie Kirchenfenster, durch acht Jahrhunderte die Menschenstationen dargestellt, die zu Juan geführt haben, mit Geburts- und Sterbedaten. Ein großer Aufwand, um einen leitenden Angestellten der Bank von Spanien zu schaffen, mit einem Gehalt von 4000 Mark pro Monat. Die Saisonarbeiter aus Andalusien, die

unter Fleiß und Anleitung des ältesten Sohnes von Juan aus den zweihundert Hektar seiner Frau 30 000 Mark jährlich herausholen, sagen »Euer Gnaden« zu Juan. Andere duzen in ihrer Verwirrung den historisch nirgends mehr Angesiedelten, den Zeitaltervagabunden.
Juans Söhne und Töchter sind in einem Grade heutig, daß man der Aussagekraft der Blutsbande mißtrauen möchte und die Modellierung neuer Generationen eher mit der Findigkeit von Jeansfabrikanten und Diskotheken in Zusammenhang bringt. Man denkt an Old Charlie (Marx): »Das Sein bestimmt das Bewußtsein.« Vor hundert Jahren noch wären sie Nonnen, Mönche, Militärs oder – der Älteste – Haupterbe geworden; ein Studium an der Universität war verpönt als Berufsausbildung. Heute arbeiten alle: als Landwirt und Techniker, als Architekt, staatlicher Verwaltungsangestellter, Berufssoldat. Eine Tochter malt, finanziell abgefedert durch die Ehe mit einem französischen Kernphysiker; die zweite macht sich staatlich bezahlte Gedanken, wie man noch mehr Touristen auf die Insel bringt; die dritte ist Angestellte einer Bank. Nur der Jüngste studiert noch.
Die berufliche Familienpalette erfreut sich auch eines schwarzen Schafes: Ein Onkel bettelt.

Großes aus dem Diesseits

Am zweiten Tag wurde mir das Glück einer kleinen Verkohlung zuteil, einem Koch war die Kalbsleber angebrannt. Ich betrachtete den schwarzen Fleck der Weltherberge. Wahrscheinlich sah ich ein bißchen dumm aus vor Entzükken, daß die gastronomische Vollkommenheit des Hotels nicht ihre ganze Unerbittlichkeit ausspielte. Vielleicht hatte man in der Küche ausprobieren wollen, ob ich als Gast dieser Umgebung taugte. Die Köche wußten, daß ich ihr Tun publizistisch verfolgte. Ich enttäuschte, aß mich an die Kohle heran, so nah es ging.
Schreibwarenfetischist und Sammler von Hotelbriefpapier, erfuhr ich auf meinem Zimmer einen weiteren Bruch des Hausstils. Die Lettern des Briefkopfes, die ich ohne Brille für edle Stahlstichprägung halten wollte, erwiesen sich als grobkörnig aufgeschmolzene Imitation, ein Unterschied, der einem Nichtfachmann kaum auf-

fällt; die meisten sind davon begeistert, daß Buchstaben sich ertasten lassen. Auch bei anderer Gelegenheit schien mir, die Hotelleitung unterstelle ihren Gästen nicht dergleichen ausgefuchsten Feinsinn und pflegte auch da, wo es sich nicht um Typographie, wo es sich um Sprachliches handelte, äußerste Anstrengungen nicht zu unternehmen. Die Festschrift zum fünfzigjährigen Bestehen des Hauses holt mit den Worten aus: »Heutzutage, und ohne dabei die Insel verlassen zu müssen, erhalten wir ständig Notizen über Organisationen bezüglich der Verteidigung der Natur . . . Formentor ist der Sieger über alle urbanisatorische Versuchung.« Und über alte Zeiten: »Ein Telefon wurde notwendig, dessen Herbeischaffung ein regelrechtes Wunder voraussetzte.« Ein Werbeprospekt: »Der Kontakt mit renommierter Gesellschaft aus aller Welt wird Sie begleiten.«
Der Hotelleitung mag die Unempfindlichkeit der Wohlhabenden und Mächtigen gegenüber Sprache bewußt sein; deren Empfindlichkeit richtet sich auf Handgreiflicheres. Der Meeresfrüchtecocktail, gespickt mit dicken Hummerschwanzscheiben und Crevetten, würde sich nicht auf das Niveau des Jubiläumstextes herablassen. Das Handgreiflichste im Wortsinn, Bade- und Handtücher, Servietten und Bettwäsche, wird an Spaniens erster Adresse im Textilzentrum Barcelona

hergestellt. Ich suche die Einrichtung der Zimmer und das Mobiliar der Gemeinschaftsräume nach Kunststoffoberflächen ab, klopfe gegen Vorhangleisten. Die Knöchel schlagen auf Schranktüren aus schwedischer Lärche – keine Preßspanfüllung unter papierdünnem Furnierüberzug –, auf Theken aus Teak, auf Kastanie, Walnuß, Eiche, auf Bettgestelle aus massiver Buche, alt wie das Haus. Vier Tage darf ich den Hotelkörper gratis untersuchen, am letzten Tag erwähnt der Direktor die Schreinerwerkstätte. Es kommt ihm nicht in den Sinn, daß eine hoteleigene Tischlerei etwas Besonderes sei; er leitet das gastronomische Unternehmen seit sechzehn Jahren. Auf dem Estrich liegen Schätze mit einer Ablagerungszeit, daß Geigenbauer korrumpiert werden könnten. Bei Umbauarbeiten im letzten Winter lösten Maurer Balken aus einer Decke der Anfangszeit. Die Bäume waren vor sechzig Jahren in einem skandinavischen Wald gefällt worden. Die Feuchtigkeit der Meeresluft hatte dem Holz nichts anhaben können. Das Harz hat die Kiefer aus dem Norden zum Standardrohstoff für die Möbel der Inselbewohner werden lassen. Im Mallorquinischen heißt »Kiefer« »norte«, »Norden«. Der Meister zeigt mir eine Anrichte, er schreinerte sie in den vergangenen Tagen aus dem Deckenbalkenholz der zwanziger Jahre. Türfüllungen macht er auch, und Türen. Er erklärt mir eine Maschine, mit der

er Ornamente aus dem Holz schneidet. Er drechselt Stuhlbeine und Säulen für Himmelbetten im altmallorquinischen Stil. Solche Betten stehen in der einen oder anderen Suite, wie jenes von Winston Churchill vor 57 Jahren »eingeweihte«. Alles Hölzerne in der neuen Disko – das Hotel schreitet behutsam mit der Zeit – ist von dem Tischler und seinem Gehilfen bearbeitet. Ich verstehe endlich: Das Hotel produziert nicht nur Spaghetti, Brot und Torten selbst, was im Haus aus Holz ist – Türen, Tresen, Stühle, Tische, Betten, Schränke, Vorhangblenden, Sideboards, Sonnenliegen, die Strandbar und die Gerüste der Polstermöbel –, wird hier maßgeschreinert, einige antiquarische Zierstücke in Fluren und auf Treppenabsätzen ausgenommen.
Die Geräuschkultur des Fremdenhofes ist zwiespältig. Auch hier spielen Geistiges und Fragen des körperlichen Wohlbefindens ineinander. Was Klaviertöne betrifft, könnten nur ein Gulda, ein Askenase, der selige Liszt an Qualität dem Menü gleichkommen: Entenleberpastete, gedünstete Languste, Rinderfilet, gespickt mit dem landesweit berühmten Magerschinken Jabugo aus der spanischen Provinz Huelva, und Williamsbirnen-Eischnee. Was aber an Musik einsetzt, während die ersten Abendtoiletten zur großen Terrasse über dem Meer schreiten und sich an den Tischplatten aus rosa Granit zum Aperitif

niederlassen, was die allmählich dem Abendessen sich Öffnenden an Klängen begleitet – Klänge, die das Sich-Öffnen fördern, die Magenmuskulatur zur größeren Nahrungsaufnahme lockern sollen –, das verstärkt sich beim Näherkommen zum Halbtagsjob eines Klaviertastenbearbeiters. Er mag die Diskrepanz zwischen der Qualität seiner Griffe und den Griffen des Hausmasseurs ahnen und sucht sie auszugleichen, indem er jeden Gast, der ihn beim Gang zum Magenöffner passiert, passieren muß, begrüßt wie eine wiedergefundene Jugendfreundschaft – eine Kraftabzweigung, die sich den Ohren mitteilt als Mißton und Taktverreißung.
Das Repertoire muß alle gleichmäßig langweilen, das Feineinstellungsproblem ist nicht zu lösen. Da ist der Direktor so hilflos wie der Pianist. Der achtzigjährige Bankier aus Barcelona, der die Schwingungen dieser Klaviersaiten seit vierzig Jahren hört, könnte sowohl an einer Klavierfassung der Brandenburgischen Konzerte Anstoß nehmen als auch an dem Klassiker »Let it be«. Der weit jüngere, in Fachkreisen weltberühmte katalanische Ophtalmologe, mit überaus hübscher Frau und Kindern neben meinem Zimmer in der »Helmut-Schmidt«-Suite wohnend, findet, was von Gershwin erhalten bleibt, provozierender als die Verstümmelung Benny Goodmans.

Auf der Komfortseite der akustischen Fürsorge belasten das Management solche Schwierigkeiten nicht. Installateure und Elektriker oder Schreiner, die Zimmermädchen sind gehalten, auf den Fluren nicht miteinander zu sprechen. Die Unwirtlichkeit der Hotelvormittage ist im Haus Formentor abgeschafft. Die Manager verstehen, das Geheule der Staubsauger ist den Bewohnern ein Leid. Die Maschinen werden erst während der Hauptmahlzeiten über die Teppiche geführt, wenn sich fast niemand mehr in den Zimmern aufhält. Auch verschonen die arbeitenden Frauen den Gast mit der Tortur des Anblikkes herumliegender Wäschehaufen.
Da ist keine Kniekehle, ob männlich oder weiblich, der beim Setzen am Eßtisch nicht eine Stuhlkante folgte, vom Maître d'hôtel im lila Frack persönlich oder wegen vorübergehenden größeren Andrangs von einem Stellvertreter in Beige/Schwarz vorangeschoben. Die dünne, splitternde Weißbrotrinde hinterläßt schon zu Beginn der Essensfolge reichen Rindenbruch auf der Tischdecke, niemand muß deshalb den Obstsalat oder das Sorbet in solcher Verunreinigung zu sich nehmen. Bevor sich der Dessertwagen mit einem Kellner nähert, schiebt ein Vorhutkollege den Abfall auf eine Silberschaufel. Beim Verzehr von Cointreau-Parfait könnte Brot, auch in Form winziger Rindenscherben, stören.

Dem Fußbodenmarmor in der Halle wird durch Sandkörnchen im Sohlenleder die glänzende Glätte genommen. Da können unsere Gäste ja gleich auf Beton gehen, sagt der Direktor. Er läßt alle zwei Jahre die schwarzen und weißen Platten abschleifen und polieren, auch das nach unten gerichtete Auge soll es gut haben.
Die Seiten der Sandsteinstufen im Treppenhaus, die vom Läufer nicht bedeckt sind, wurden während der vergangenen siebenundfünfzig Jahre so oft mit Schmirgelpapier gereinigt, daß der Stein, wie sonst die Stufenmitte, durchhängt wie ausgetreten. Eine junge Frau pinselt schmiedeeiserne Rosen von Staub frei.
Ein Wort in jenem drolligen Deutsch der Jubiläumsbroschüre deutet einen Hauptvorzug dieser Universität des Savoir-vivre an: »Führen wir uns einmal vor Augen, daß der Besitz des Hotels gleichzeitig auch den Besitz von zwölf Millionen Quadratmetern Land mit sich bringt. Denken wir auch an die Gelassenheit und Gemütsruhe, der es bedarf, die Verantwortung für Formentor zu tragen und unerschrocken vor jedem Angebot standzuhalten, das bedeuten würde, auch nur einen Pinienbaum auszureißen, der doch einen Teil der Landschaft darstellt.«
Die wenigen Formentorianer betrachten die Halbinsel als exterritoriales Gebiet. Der nordöstliche Landzipfel Mallorcas steht unter der Kon-

trolle des Hotels. Ein Mechaniker fährt mich in die Umgebung, ich vergesse, mich anzuschnallen, entschuldige mich und möchte das Versäumte nachholen. Nicht doch, ruft er, wir sind hier auf Formentor! Er meint Polizei, nicht Leben. Es ist außer Benzin und Neugierde ein Rückstand an Renitenz, der die zwei-, dreihundert Sonntagsfahrer aus dem Inselinneren im ersten Gang über die Serpentinen zum Hotelstrand auf der anderen Seite des Berges hinaustreibt unter die exklusiven Pinien. Sind die Ausflügler abgezogen, weilen Hotelgäste und Personal im Umkreis von zwanzig Quadratkilometern unter sich. Es hat auf dem zwölf Kilometer langen, schroffen Felsenriegel nie eine Siedlung gegeben, auch heute stehen östlich der sechshundert Meter schmalen Einschnürung, wo das Hotel mit den dazugehörigen Gebäuden die »Pinienbucht« (Cala Pi) einfriedigt, nur ein Gehöft, zwei Häuser und der Leuchtturm, dank des »Sieges über alle urbanisatorischen Versuchungen« und der »Unerschrockenheit« der bisherigen Eigner, »vor jedem Angebot standzuhalten«. Ein Gärtner, nicht älter als fünfzig, erzählt mir, er habe in seiner Jugend mit anderen Waldarbeitern monatelang im Freien geschlafen. Seit einigen Jahren vergibt die Geschäftsführung von Formentor hin und wieder eine Bauparzelle gegen Geld. Der Erwerber wird eine seltene Art

von Eigentümer, er verpflichtet sich zu einer bestimmten Architektur und kann seinen Besitz nicht beliebig weiterverkaufen.
Die Inselhauptstraße, in Palma beginnend, endete zweitausend Jahre lang, wo Römer die Arbeit eingestellt hatten, am Hafen von Pollensa (Pollentia). Bis 1929 durchzogen nur Pfade, ausgetreten von Maultieren, Hirten, Bauern, Waldarbeitern, Schmugglern und Küstenpolizisten, die Bergflanken und Senken. Baumaterial für das Hotel kam auf Schiffen, und die ersten Gäste. Währenddessen bereitete staatliche Straßenautorität den späteren Besuchern den Weg über Gebirgshänge und Kämme mit einer Schotterpiste zum Hotel und zum Leuchtturm. Der Käufer der Halbinsel und Bauherr des Hotels, Diehl, ein deutschstämmiger Millionär aus Argentinien, »Entdecker von Formentor«, verlor viel Geld durch vergebliche Suche nach Wasser. Jetzt fließt es, durch Pumpen geschoben, von vier Brunnen in Puerto Pollensa in einer zwanzig Zentimeter dicken und elf Kilometer langen Pipeline durch die felsigen Pinienwälder. Sollten die Pumpen ausfallen, würde man das den Wasserhähnen vier Tage lang nicht anmerken, in mehreren bahnhofsgroßen Hallen unter dem Waldboden lagern achttausend Tonnen, unter Entlüftungsschächten stehen in den Fluten lange Stangen aus Sonnenlicht.

Bei dem Ruf, der von dieser Anstalt ausgeht, bin ich von Verwunderung nicht weit entfernt, als ich entdecke, der Flaschenöffner in meiner Minibar ist nicht aus Gold, der Direktor kein Nobelpreisträger, der Maître d'hôtel hält keine Gastvorlesungen in Cambridge, und die Kellner schöpfen die Suppe ohne Doktortitel in den Teller. Dieses großartige Haus tut einiges, den Gästen über solche Schatten hinwegzuhelfen. Damit der Genuß gedünsteter Feigen mit zartestem Entenbraten und mallorquinischen Pilzen nicht zur tumben Völlerei entarte, veranstaltete schon Diehl in den dreißiger Jahren die »Wochen der Weisheit«, in denen »Formentors Tore geöffnet wurden für Gäste wie den Grafen von Keyserling und mit ihm eine weitere Anzahl Gelehrter«. Nach einigen Jahren der »Internationalen Gespräche über den Roman« veredelte auch der deutsche Schriftsteller Uwe Johnson mit seiner Prosa die Bemühungen der Masseure, Tennis- und Reitlehrer um die Gesundheit der meist bejahrteren Leiber der Klientel, indem er dort den von fünf internationalen großen Verlagen gestifteten »Prix Formentor«, einen der begehrtesten Literaturpreise der Welt, zusammen mit 10 000 Dollar entgegennahm. Der ehemalige Hotelgast Francisco Franco, von Beruf Diktator von Spanien, setzte dem intellektuellen Treiben am Strand nach wenigen Verleihungen ein Ende. Seit eini-

gen Jahren stellen die heutigen Eigner den keinen Spaß verstehenden, in allen Kleiderschränken verborgenen, computergesteuert verschließbaren Tresoren den Preis für »Humor und Toleranz« entgegen. 1986 schoben sie dem spanischen Schriftsteller Camilo José Cela 8000 Mark in einem Schubkarren voller 25-Peseten-Münzen aus der Hotelkasse vors Mikrofon.
Während der Wochen, gar Jahre ohne derartiger Geistesschauspiele muß der Gast nicht befürchten, in schierer Leiblichkeit erlesen zu verkommen. Kostbarkeiten in anderer Menschengestalt säumen die Hoteltage. Im Goldenen Buch finde ich Dutzende, die wir vom Fernsehschirm alle kennen, Charlie Chaplin, die Prinzen von Monaco, Onassis und Hunderte von Malen so weiter. Man begrüßt, auch als politischer Gegner, Helmut Schmidt mit Applaus am Hoteleingang als besondere Dienstleistung des Hotels.
Kraft und Anstelligkeit des Personals reichen aus, die Menschen, die ohne Leibwächter wohnen und essen, zu überzeugen, der Verzehr eines auf alten Faßdauben gegrillten Entrecôtes sei hohes Tun. Die unteren Chargen der Bedienungshierarchie im Bankettsaal, Brottelleraufsteller, Besteckaufleger und Suppeneingießer, wagen dich kaum anzublicken. Sie sind von der bloßen Tatsache deines Hierseins, von deiner sozialen Wucht, mit der das Haus dich als Zahlenden

adelt, verformt, aus der Form gebracht, die sie zu Hause einnehmen. Selbst der Neid auf die Leibwächter Höchstprivilegierter braucht sich nicht zum Kummer auszuwachsen, alle anderen werden ein wenig über das Maß hinaus bewacht, das der Staat gewährt. Nicht selten steht ein blauer Hotelstreifenwagen auf der Zufahrtsstraße oder neben dem Portal, klirrt dezent ein blau-uniformierter Pistolenträger durch die Halle.

Ein Ambulanzauto auf dem Parkplatz, versehen mit dem Hausemblem, einem stilisierten Nadelbaum unbestimmter Gattung, erinnert an die Vergänglichkeit aller Genüsse.

Ein Mozart des Geldes

Im Monat Juli fließt wieder das Blut von der Fassade des Schlosses, die rotviolette Bougainvillea, der Blütenvorhang. Das Kastell hat auf das Fischer- und Touristendorf Cala Ratjada ein Auge. Hier ist die Insel zu Ende, der östlichste Punkt erreicht, der Bug, der der Nachbarinsel Menorca gegenüberliegt.

Man fährt von Capdepera hinunter, aufs Meer zu. Und während man auf dem jäh autobahnbreit auseinanderstrebenden Schlußstück der Landstraße von Palma in weit ausholender Kurve wie vom Rand einer flachen Schüssel niedergleitet, schwebt man für Sekunden auf die Höhe des Schlosses und des tausend Meter dahinterstehenden Leuchtturms ein, die jenseits der Bucht aus dem Piniengewölle ragen. So, wie man aus der Biegung fährt, in Augenhöhe mit dem weit überstehenden Palastdach und der Kuppel des Leuchtfeuers, rutscht der Leuchtturm auf das

Schloß zu. Die gemeinnützige Einrichtung verschwindet hinter der größten Privatgroßvilla der Insel.
Ältere Einwohner erzählen Geschichten über den Erbauer der Wohnfestung, Juan March, 1880–1962, denen zu lauschen man nicht müde wird. Verbrechen von souveräner Niedertracht und leuchtender Skrupellosigkeit, eine Intelligenz, die sich durch Erwartungen der Öffentlichkeit nicht beengen ließ, und geniale Habsucht scheinen die Quelle eines Reichtums, von dem der Palast nichts weiter ist als ein Gegenstand des alltäglichen Konsums für die Familie, die zu den zehn reichsten der Erde gehört.
Eine Ferienwohnung für wenige Wochen des Jahres, mit unerbittlichem Komfort. Man sagt, der Alte sei nachts angekommen und habe sich im Rolls-Royce mit überhöhter Geschwindigkeit durch die stillen Dörfer lenken lassen, wenn er das Palais einmal einige Tage bewohnen wollte. Er habe sich durch seine kapitale Zielstrebigkeit so viele Feinde zugezogen, daß seine körperliche Unversehrtheit auf den Wegen zwischen seinen gut bewachten Verweilorten unkalkulierbar gewesen sei.
Elf Monate lang pflegten ein Dutzend Arbeiter den Parkberg und die Zutaten des saisonalen Müßigganges, wie Schwimm- und Tennisanlagen, Gärten, Gewächshäuser, Boote, für die

Nachkommen. Ende Juli, Anfang August, wenn der Sommer am heißesten ist, werden die Bewegungen der Männer in den blauen Overalls schneller, auch tauchen die Arbeiter außerhalb der Mauern häufiger auf. Von einem Tag zum anderen stehen zwei weiße Zelte im Park. Schweres Leinen mit tintengrünem aufgenähten Mäanderband. Der Stoff ist über ein Rohrgerüst gespannt, der Wind bewegt nichts. Die Zelte sind quadratisch, flaches Pyramidendach, darauf eine weitere kleine, flache Pyramide. Die Wände sind in die Ecken zurückgerafft mit breiten Gurten, in denen sich das Mäandermuster wiederholt. Man denkt an Alexander den Großen auf seinen Kriegszügen – so ähnlich könnte er gewohnt haben. Um halb zwei nimmt die Familie im Kriegszelt das Mittagsmahl ein. Aus größerer Entfernung kann man von einem höhergelegenen Felsen aus mit einem Fernglas drei Frauen in tintengrünem Kleid mit weißem Krägelchen sehen. Sie beugen sich unzählige Male an den Milliardärsabkömmlingen vorbei über den Tisch, wie um eine sehr kleine Schrift zu lesen. Tisch und Speisen werden von der schönen Kalksteinmauer verdeckt, die den Schloßberg gegen die Neugierde von Anbetern, Neidern und Radikaldemokraten absperrt.

Die Mauer schützt auch Schätze. Im Bergpark ruhen unter mediterraner Bäumemischung Plastiken von Moore, Rodin, Dalí und anderen Bildhauern. Eines Tages traf vom spanischen Festland ein doppelt lebensgroßes Nashorn aus Granit ein. Die Einsiedlung des ornamentalen Stars in den Park brachte den Dörflern eine Straßensperre und Gesprächsstoff. Das Tier wurde auf Holzwalzen den Hügel hinaufgerollt, es wartete mehrere Tage auf der Hauptstraße, auf halber Anhöhe des Schloßberges, bis die Arbeiter des Hauses ein breites Stück aus der Mauer gebrochen hatten.

Im Schloß hängen Originale von klassischen Berühmtheiten, Goya, Rembrandt, Chagall, Picasso, Manet zum Beispiel.

An einem großen, runden Platz sind zwei Dutzend Olivbäume angepflanzt, das Laub stahlgrau, der Stamm uralt, tausend Jahre. Der Herr hat die schönsten und ältesten Exemplare der Insel ausfindig machen und ausgraben lassen, mit Wurzelballen groß wie ein Einzimmerapartment. So mancher alte Ölbaum ist bei der Operation draufgegangen, neue älteste in exakt demselben stahlgrauen Ton wurden aus ihren Jahrtausendstandorten gehoben. Daneben erheben sich mehrere bearbeitete Marmorstücke, weiße, schwarze, weißgraue, glatt zum Streicheln; eine Schlinge aus einem Dreitonnenstück weißgrauem Carrara steckt auf einer Stahlsäule mit einem Kugellager am oberen Ende. Der Pförtner

dreht den rund polierten Felsen mit leichtem Druck der Hand um die eigene Achse.
Wo jetzt der Palast steht, stand bis vor sechzig Jahren ein achthundert Jahre alter arabischer Turm, einer der Signaltürme, wie sie überall auf Bergkuppen stehen und von denen die Araber, und später die Christen, mit Rauchzeichen die ganze Insel alarmierten, wenn Piraten oder Eroberer landeten. Sie landeten oft. Der Turm hatte keine Öffnungen, keine Fenster, man nannte ihn den Blinden Turm, Torre Sega im Katalanischen. So heißt der Hügel noch immer und die Straße dort »Straße zum Blinden Turm«. Der Boden gehörte – wie der ganze Ostzipfel Mallorcas samt den Klippen, auf denen der Leuchtturm steht – bis zum Ersten Weltkrieg einer anderen Familie. Damals kaufte March den Berg auf Raten für knapp tausend Mark. Fragt man den sechzigjährigen Sohn des Mannes, der die Anhöhe verkauft hat, erfährt man, sein Vater habe vor wenigen Jahren die letzte Rate bekommen.

*

Es muß an einem jener mallorquinischen Spätsommertage gewesen sein, da das Licht enorme Schübe Sehnsucht freisetzt. Auf einem Karrenweg in der Nähe des Dorfes Santa Margalida, dem Geburtsort Marchs, könnte sich vor ungefähr hundert Jahren abgespielt haben, wovon die

Legende berichtet. Das kindliche Finanzgenie, eine Art Mozart des Geldes, holte sich das Grundkapital zu einem der größten Privatvermögen der Erde von der Straße. Es rieselte aus einem Kornsack, vom letzten Wagen einer Kolonne langsamer Eselsfuhrwerke, die mit einer Getreideladung für ein Schiff in der Bucht von Alcudia das Haus passierte. Der Junge griff sich einen Sack und rannte der Wagenreihe nach. Unter dem Wagen zwischen den knarrenden Rädern vorwärtstrippelnd, hielt er den Sack dem fallenden Weizen entgegen. Man mag sich vorstellen, daß seine Arme ermüdeten, daß er aufgeben mußte, noch ehe der Strahl versiegte, daß er hinterher die Körner einzeln aus dem Staub las. Er soll Staub zu jener Zeit auch sonst nicht gescheut haben, es heißt, er sei, wenn er einen Knopf verloren hatte, eher zu spät in die Schule gekommen, als das Suchen aufzugeben. Einer der wenigen spanischen Autoren, die sich darauf eingelassen haben, das Leben des großen Verdunklers nachzuzeichnen, behauptet, Juan sei zwei Stunden unter dem Wagen mitgelaufen, dann sei der Sack voll gewesen. Ein Bekannter nahm ihn auf seinem Wagen mit zurück und kaufte ihm den Segen ab. Juan tauschte den Schatz ein gegen ein Bündel »caliqueños« genannter dünner, handgewickelter Tabakstumpen und ein Hemd. Einige Peseten blieben übrig für

erste Bankgeschäfte. Unter der Woche verlieh er Bares, am Sonntag kassierte er, für fünf Céntimos zehn, für zehn zwanzig.
Andere mögen Mitschülern Zigaretten verkauft haben, Juan verkaufte einzelne Züge, zwei für einen Céntimo, dreißig pro »caliqueño«. Bei fünf Céntimos für die Anschaffung machte das Handelskind zweihundert Prozent Gewinn. Es zog sich Raucher, zog sich Nachfrage. Es spielt keine Rolle, ob die Geschichte erfunden ist, es ist die Wahrheit. Die Rotznase sollte mit der Gewalt ihres Erwerbstriebes als Erwachsener die spanische Republik das Fürchten lehren.
Jemand, dessen Herkunft kaum bescheidener hätte sein können, wird nicht durch Intelligenz und Habgier allein zu einem internationalen Finanzier, den manche mit Howard Hughes und Paul Getty verglichen haben. March war mutig. Einfälle für unkonventionelle Entwürfe, in welchem Bereich auch immer, stellen sich nicht ein ohne Unerschrockenheit.
Es ist eine Szene überliefert, die ebenfalls zu wahr ist, um in den Einzelheiten stimmen zu müssen. Als Juan zehn Jahre alt war, gab ihn der Vater in ein »colegio« im zwanzig Kilometer entfernten Sa Pobla (La Puebla), wahrscheinlich ein Schulheim der Kirche. Nach zwei Wochen prügelte er sich mit dem Sohn des Rektors. Aus Angst vor Strafe floh er und kehrte nach Hause

zurück. Der spanische Schriftsteller Manuel D. Benavides schrieb dazu in seiner March-Biografie »Der letzte Pirat des Mittelmeers« (1934): Juan »erreichte das Dorf kurz vor der Abenddämmerung. Der erste Schlag überraschte ihn. Beim dritten schloß er die Augen, biß die Zähne zusammen und hielt das Gesicht den Schlägen offen entgegen. Der Vater war blind vor Wut. Er schlug erbarmungslos auf den Jungen ein, der nach rechts und links tanzte mit der ergreifenden Anmut einer Schießbudenfigur. Ein letzter Schlag warf ihn zu Boden.

›Begreife endlich, wenn du ein brauchbarer Mensch werden willst, mußt du dich anstrengen!‹

Juan erhob sich, er blutete aus der Nase, das Blut sammelte sich in den Mundwinkeln.

›Wirst du dich entschuldigen?‹

Der Junge holte tief Luft und hielt den Vater fest.

›Was willst du denn?‹

›Mehr!‹«

Benavides veröffentlichte seine March-Biografie kurz vor dem Bürgerkrieg, er tarnte sie unzureichend mit der Gattungsbezeichnung »Roman«. Jeder spanische Leser wußte, wer mit der Hauptfigur gemeint war. Benavides beschuldigte March des Betruges, des Schwindels, der Verlogenheit, des Diebstahls und sogar des Mordes. Es gab keinen Prozeß, das Buch verschwand einfach, als wäre es nie geschrieben worden. Und doch blieb es in aller Munde. Der englische Publizist Arturo Dixon, Verfasser der neuesten Biografie (1985), »Señor Monopolio«, suchte zwanzig Jahre nach einem Exemplar des unsichtbaren Bestsellers. Das Buch existiert in keiner westlichen öffentlichen Bibliothek. Der Protagonist ließ die Lebensbeschreibung aufkaufen, eine Auflage nach der anderen. Die öffentliche Absenz des Verkaufsschlagers war ein enormes Geschäft für Verlag und Autor, der Milliardär kaufte achtunddreißig Auflagen aus dem Markt, bis es ihm während des Bürgerkrieges gelang, die Rechte zu erwerben. In der Sowjetunion hat das Buch die Zeiten überdauert als Text für Studierende der spanischen Sprache und der Schwächen des kapitalistischen Systems. Seit mehreren Jahren – dreiundvierzig Jahre nach dem Erscheinen der ersten Ausgabe – taucht die Reportage, wie der Autor seine Arbeit auch nannte, anderswo hin und wieder auf, in Mexiko gedruckt, vielleicht ein Raubdruck, ein Samisdat. Ein Journalist, der vor einiger Zeit über den Magnaten schreiben wollte, fuhr nach Santa Margalida und suchte im Taufregister der Pfarrkirche nach dem Geburtseintrag. Die Seite war herausgerissen.

*

Was die mallorquinische Feige betrifft, sie besetzt in der Geschichte dieses Geldes ihren Platz.

Das Erscheinungsbild der Feige in Deutschland ist ein Bild abseits des Baumes, Trockenbild, geschrumpfte Fassung. Die Feige der deutschen Netzhaut hat Falten und Quetschkanten. Der Inselgast erkennt in den grün-violetten, prall gefüllten, birnenförmigen Beuteln die »Kolonialware« nicht wieder. Die balearischen Bauern mästen den Geschmack der Frucht in das Fleisch der schwarzen Inselschweine. Im Herbst stoßen die Tiere unter die Bäume vor, um sich der winterlichen Hausschlachtung entgegenzufressen, der »matança«, dem »Blutbad«, wie ein neues Wörterbuch den Ausdruck aus dem Katalanischen übersetzt. Die Schwarzröcke erwuseln sich auf den Weizenstoppeln letzte Wochen des Glücks, nach einem staubigen Sommer der kleineren, helleren »figas de porc«, der Schweinefeigen.

Schmalz und Fleisch der dunklen Haustiere wälzen sich über Geschichte und Speisezettel. Die französische Schriftstellerin George Sand verfluchte vor knapp hundertfünfzig Jahren den Geist der Mastwirte des Eilands, während ihr tuberkulöser Freund Frédéric Chopin, vom wochenlangen mediterranen Winternaß halb verrückt, das »Regentropfen«-Prélude komponierte.

Juan March, der Schweinehirt aus Santa Margalida, schuf sich mit süßer Baumpampe und

Säuen die Anfangsstufe zum Milliardenvermögen. Der junge Viehhändler kaufte verschiedenen Bauern die Ernte vom Baum und ließ die Früchte hängen, bis sie herunterfielen und faulten. Die Bauern wollten ihre Schafe in die Haine aufs grüne Herbstgras treiben, wie sie es immer getan. March berief sich vor Gericht auf die Schutzwürdigkeit seines aufgeweichten Eigentums, er ließ das Abweiden verbieten. Den Tierhaltern blieb nichts, als die Schmiere, die einst prall am Baum unerwartetes Geld gebracht, zum Marktpreis guten Obstes teuer zurückzukaufen.
Als das Jahrhundert wechselte, war Juan zwanzig Jahre alt. Er hatte den mäßigen Schweinehandel des Vaters in Schwung gebracht, war unterwegs zu den Dörfern der Insel und feilschte. Er zahlte pünktlich, was bei seinen Kollegen selten vorkam, und konnte deshalb manches Extraschnäppchen machen. Juan hatte eine große Wurst- und Schinkenfabrik in Barcelona als festen Abnehmer für die mallorquinischen Feigenveredler zu verpflichten gewußt. Mehr Welt, Geschäftswelt, erschloß sich ihm in den Hafenkneipen von Palma. Sein Großvater, der seine Gaben mehr schätzte als der Vater, führte ihn in die jahrhundertalte balearische Schmuggelszene ein.
Er hätte noch eine Weile Schweinepfennig auf Schweinepfennig gehäuft, hätte ihn nicht das Heiraten auf dem Weg zur Weltspitze ein Stück

vorangebracht. Er suchte sich einen erfolgreichen Geschäftsmann in Capdepera als Schwiegervater aus. Der Mann wollte für seine Tochter Geld sehen, 50 000 Peseten, dieselbe Summe, die er seiner Tochter als Mitgift zugedacht hatte. Der Freier behauptete, so viel besitze auch er, pumpte sich den Beweis bei Vater und Großvater zusammen, zahlte ihn auf sein Konto ein, heiratete und hob die Summe wieder ab.
Bis gegen Ende des vergangenen Jahrhunderts besaßen, mit Ausnahmen, dieselben Familien den Boden, die ihn seit der Eroberung der Insel durch Jakob I., König von Aragonien und Katalonien, vor bald achthundert Jahren besessen hatten. Die großen Veränderungen im Leben der Europäer, eine Folge der industriellen Herstellung von Waren, erreichten zu der Zeit, als der Großvater geboren wurde, auch die Inselküste. Das trug Gesellschaftsböen aufs Land. Die Nachkommen der katalanischen Feudalherren, die viele hundert Jahre vom Ertrag ihrer Güter nicht schlecht gelebt hatten, gelangten ans Ende ihrer historischen Laufbahn. Die großen Kaufleute traten an ihre Stelle. Die Händler setzten Menschen anders ein, betrachteten die Werkstatt als Maschine, deren Teile Menschen sind. Sie schufen einen neuen Stand, die Industriearbeiter. Durch Kauf und Verkauf von Waren wurden die Kaufleute mächtiger als die Herren vor ihnen. Sie ver-

änderten deshalb mit besonderer Hingabe nicht nur die Herstellungsmethoden und Bedürfnisse, auch Sitten und politische Verhältnisse. Sie vergrößerten den Anteil von Menschen, die an gesellschaftlichen Entscheidungen mitwirken. Es tun sich neue Wege auf für den Landarbeiter, der seit Jahrhunderten nur die Möglichkeit hatte, das Leben eines Leibeigenen zu führen, um sich und seine Familie zu ernähren. Er kann in die Stadt gehen und in einer Fabrik arbeiten, er befreit sich von der Peitsche und der sozialen Sicherheit.

Die Landedelleute verarmten – bis auf die, die selbst Kaufleute wurden. Ihr Widerwille, sich einer minderwertigen Klasse anzupassen, war groß. Die historisch Nachsteigenden gewährten den Obenstehenden Kredite. Letztere waren starke Verbraucher und schwache Produzenten, sie konnten das Geld gut gebrauchen, wenn auch oft nicht zurückzahlen. Manche, die sich in kommerzielle Unternehmen vorwagten, verloren ihre Investitionen. Es entstand ein größeres Angebot an Land. Das ist der Hintergrund für die Antwort auf die Frage, wie es kam, daß die Lebenszeit eines Individuums ausreichte, eine so große wirtschaftliche Macht zu vereinigen, daß es »die europäische Geschichte beeinflußte«, wie die amerikanische Zeitschrift »Newsweek« am 19. März 1962, nach Juan Marchs Unfalltod,

schrieb. Fünfzig Jahre früher hätte March nicht zünden können.
Der Schwiegervater erkannte, daß das neue Familienmitglied mit dem geehelichten Pfund zu wuchern verstand. Er vervierfachte es durch einen Kredit. Mit den neuen Mitteln erwarb der junge Mann Stücke von Feudalland. Die feinen Leute verflossener Zeitalter verkauften gern. 1872 hatte die Reblaus einen großen Teil des französischen Weinbaus vernichtet. Die Winzer Mallorcas verdoppelten ihre Anbauflächen in wenigen Jahren und exportierten nach Frankreich. Bis zum Ende des Jahrhunderts waren die französischen Kulturen erneuert und neue in Algerien geschaffen worden. Zur selben Zeit zerstörte eine Reblaus-Epidemie alle Rebstöcke der Mallorquiner. Viele Besitzer der großen Weinländereien waren ruiniert. Farmland wurde billiger. Der neue Großgrundbesitzer ließ die Ländereien in Jedermannsformate von wenigen Hektar aufteilen. Er verkaufte sie an ehemalige Kleinpächter der alten Besitzer gegen kleine Raten. Die beiden Gesellschaftsschichten wollten nach achthundert Jahren nichts mehr miteinander zu tun haben. Die Pächter, im Spanischen »colonos«, verlangten nach Befreiung aus dem Leibeigenenstand und nach der Würde von Eigentum; der Landedelmann nach der mondänen Zentrale Madrid.

March muß wie ein Besessener an der Parzellierung von Großgrund gearbeitet haben. Was er in seiner Emsigkeit herbeiführte, kam einer gesellschaftlichen Umschichtung ganzer Landschaften gleich. Mallorca wurde ihm zu klein, er setzte aufs Festland über, kaufte und parzellierte. Die Abwicklung der Ratengeschäfte mit den neuen kleinen Leuten brachte so viel Arbeit, daß er eine eigene Bank brauchte. Er kassierte Bearbeitungsgebühren und Zinsen, die vorher andere kassiert hatten. Er konnte die Schuldner, die zahlungsunfähig geworden waren, enteignen.
Er war gerade fünfzig Jahre alt, da häufte er in seinen Tresoren 40 000 »Escrituras«, spanische Dokumente, die das Eigentum an einem Stück Erde notariell verbriefen.
Vom Parlament der spanischen Republik aufgefordert, über die Herkunft seines Reichtums Rechenschaft zu geben, sagte er 1931: »Im Jahr 1903, kaum volljährig, widmete ich mich dem Kauf von Grundstücken für den Verkauf in Parzellen ... Wer Mallorca gründlich kennt, wird zu würdigen wissen, daß jene Region, eine der reichsten und produktivsten Spaniens, ihren Wohlstand der Existenz einer wahren Legion von Eigentümern verdankt, zu der ich bekanntermaßen in fünfundzwanzig Jahren beigetragen habe.«
Marchs Arbeitspensum läßt auf einen gesunden

Körper und elastische Gefäße schließen. In derselben Zeit, in der er den Ländereienladen betrieb, drängte er sich in die Schmuggelwirtschaft des Westmittelmeers, bis sie am Ende so aussah, wie er sie sich wünschte – ein einziges Einkommensmeer. Teilhabergeld erlaubte ihm, den Betrieb mit einem motorisierten Dreimastsegler, einer Schaluppe, zu eröffnen, damals eine seltene Erscheinung in den mediterranen Gewässern. Der erste und letzte Rivale des ehrgeizigen Neulings, José Garau, stammte aus Santa Margalida, war Nachbar der Marchs gewesen und Altersgenosse von Juans Vater, ausgewandert nach Algerien mit den Emigrationswellen der neunziger Jahre. In Algier hatte er eine Tabakfabrik in die Höhe gebracht und belieferte einen eigenen Stamm transmediterraner Schwarzsegler. Garau erfuhr mit Unbehagen von der neuen Schaffenslust des mißratenen Nachbarkindes. Das Verhältnis zwischen den beiden begann damit, daß der »Onkel« dem Jüngeren die Ware verweigerte, es endete mit der fast vollständigen Schwarzmarktherrschaft Marchs über die iberischen Küsten und mit einer Katastrophe für die Familie Garau. Die selbstzufriedenen alten Männer in Madrid, die dem spanischen Tabakmonopol vorstanden, ließen sich, bevor der begnadete Händler sich einmischte, durch die Rauchwaren aus Nordafrika nicht beunruhigen. Innerhalb weniger

Jahre sanken danach die Einnahmen aus der Tabaksteuer wie durch Zauberei auf einen lächerlichen Pegel, auf das Niveau einer Staatsblamage. Die geschmuggelten Zigaretten waren besser und billiger. March »baute eine unsichtbare Stadt von der afrikanischen Küste bis an die Pyrenäen auf« – wie ein Politiker sich ausdrückte –, bewohnt von Seeleuten, Verteilern, Händlern, Rechtsanwälten und Zollbeamten. Er zahlte den schlechtbesoldeten Küstenwächtern im Staatsdienst ein zweites regelmäßiges Gehalt und schloß auf ihren Namen Risikoversicherungen ab für den Fall ihrer Entlassung. Erstklassige Anwälte prozessierten die Mannschaften frei, falls ein Schiff aufgebracht worden war. Nebenbuhler wurden an die Carabineros verraten bis zum Ruin, oder Mitglieder von Marchs Organisation entrissen ihnen die Ware, sobald sie an Land kam. »Onkel« Garau in Algier blieb keine andere Wahl, als den Todfeind zum Gesellschafter zu machen. March ließ eine zweite Fabrik in Oran errichten. Er entzog dem spanischen Staat fast die gesamten Einnahmen aus dem Tabakmonopol, jährlich an die fünfzig Millionen Goldpeseten – kaum ein Spanier rauchte noch Staatstabak –, dem Finanzamt blieben knapp über 100 000 Peseten.

1910 vergab der Sultan von Marokko, der Großvater des heutigen Königs Hassan II., das Privileg für »Herstellung und Verkauf von Rauchwaren, Schnupftabak und Kif« in seinem Land an eine französische Aktiengesellschaft. Ein Beauftragter der Geldanleger aus Paris schaute sich den marokkanischen Tabakmarkt an. Wo immer er hinkam, traf er auf die Leute des dreißigjährigen Mallorquiners und auf dessen Erzeugnisse. Die neuen Inhaber des Monopols boten dem Marktherrn March eine »Entschädigung«. Das Angebot war recht hoch, sie versprachen sich von dem Vierzigjahresvertrag mit dem Sultan phantastische Gewinne. Der junge Mann lehnte ab. Er wollte lieber zahlen. Die Franzosen mußten froh sein, für ihre Rechte, die so viel wert waren wie die Lizenz, auf dem Mars nach Gold zu graben, überhaupt Geld zu bekommen. Nun versorgte Juan auch Nordafrika, sogar legal.

Die nationalen Dinge in Europa ordneten sich weiter und weiter nach den Gewinnwünschen des Nabobs. Die Rif-Kabylen versuchten lange vergebens, die spanischen und französischen Kolonialsoldaten aus Marokko hinauszuschießen. Der nimmermüde Makler verkaufte ihnen die Gewehre. Gegen spanische Steuerpeseten in Gold lieferte er spanischen Armeeangehörigen Schuhe, Kleidung, Lebensmittel und Tabak. Soldaten sind bessere Raucher. Die Kämpfe dauerten sechzehn Jahre, bis weit über den Ersten Weltkrieg hinaus.

Der erste große Krieg zwischen den europäischen Nationen schwemmte viel Geld ins neutrale Spanien. Das Land wurde für vier Jahre zum begehrtesten Kaufladen und Dienstleistungsbetrieb der kriegführenden Länder, vor allem die Regionen des Baskenlandes und Kataloniens mit den großen Hafenstädten, den Werften, Stahlschmieden und Erzgruben. Reeder und Werftbesitzer traten in das goldene Zeitalter des Massentods ein. Die deutschen Unterseeboote förderten mit ihren Torpedos einen Nachfragewirbel nach Laderaum, von dem die Werften der Hansestädte heute nur träumen. In einem Jahr (1917) versenkten die Deutschen 2500 Handelsschiffe, davon 64 spanische. Extravagante Frachtraten wurden verlangt und in harten Devisen bezahlt. Die baskischen Reeder verpachteten ihre ganze Flotte an die Engländer. Ein Holzhändler aus Barcelona erwarb Anfang 1915 auf dem Gebrauchtmarkt ein Schiff von 10 000 Tonnen. Er fuhr in einem Jahr das Zwanzigfache des Kaufpreises ein. In dieser Zeit kaufte March als Hauptteilhaber mit einem Kapital von 100 Millionen Peseten praktisch alle Schiffahrtslinien der spanischen Mittelmeerküsten auf.

In den spanischen Fabriken wurde hastiger als früher gearbeitet. Iberische Kaufleute lieferten Waffen, Munition, Textilien, Lebensmittel, Medikamente. Sie gaben mittelmäßige Ware gegen überhöhte Preise. Die schießenden Kunden verschuldeten sich. Mit ihrem Fleiß verdoppelten die Spanier in drei Jahren das Volkseinkommen, ein Vorgang, der in der Bundesrepublik in den besten Zeiten mindestens zehn Jahre dauerte.

In Londoner Staatsarchiven kann man nachlesen, daß Agenten des britischen Geheimdienstes in Spanien nach Hause meldeten, ein Mallorquiner namens Juan March, Großschmuggler, gebiete über 40 000 Augenpaare, nichts entginge ihm, was zwischen Tunis und Marseille geschehe. Der Secret Service soll sich diese ungewöhnliche Fähigkeit zunutze gemacht haben, um die Bewegungen deutscher Unterseeboote und anderer Schiffe zu überwachen. Im Mittelmeer spionierte jeder gegen jeden. Aus den Archivpapieren geht hervor, daß Winston Churchill die Dienste und Talente Marchs zu schätzen gewußt hat.

March besaß inzwischen auch eine Ölraffinerie bei Palma de Mallorca, die er in seiner Abneigung gegen die Aristokratie mitten in deren bevorzugtes Wohn- und Erholungsgebiet hatte bauen lassen. Er ließ dort nicht viel verfeinern, die Benzindestille baute den Steuersatz für Rohölprodukte ab. Diesel und Benzin wurden durch das Betriebsgelände hindurchgefahren, auf dem Weg bekamen sie neue Etiketten, die alten hatten den Inhalt der Fässer als unverarbeitetes

Rohöl ausgewiesen, das der Staat niedriger bewertete als die Fertigprodukte.
Die U-Boote des Kaisers Wilhelm II. hatten es schwer genug, an den Engländern vorbei durch die Meerenge von Gibraltar ins Mittelmeer zu schleichen. Ohne Versorgungsbasen, in welcher Form auch immer, hätten sie im Binnenmeer nicht manövrieren können. An jedem Ort, wo die Engländer Treibstoff vermuteten, ließen sie ihre Späher umherschleichen – zum guten Teil Marchs Leute –, um zu verhindern, daß die Unterwasserschiffe auftauchten und tankten. Sie tankten trotzdem. Der Besitzer der Nichtraffinerie deponierte in abgelegenen Felsenbuchten der Insel Cabrera, was die U-Boote an Treibstoff und die Mannschaften an Nahrung brauchten. Dienste und Lieferungen wurden über den deutschen Konsul in Palma verrechnet.
Der Kaufmann und die Wasser-Militärs erdachten eine weitere Technik, Besatzungen mit Kraftstoff und Proviant auszurüsten, das Kaper-Angebot. March ließ einem U-Boot-Kapitän Route und Fahrzeit eines seiner Schiffe mitteilen. Offiziell überfiel der Deutsche das spanische Handelsschiff auf hoher See und bediente sich aus dessen Ladung. So kassierte der Reeder auch die Versicherungssumme. Gingen Mannschaft und Schiff verloren, war es für die Liquidität optimal.
Die spanische Nation wurde vom großen Geld

regiert mit der besonderen Dummheit untergehender Herrscherklassen. Die Hälfte der Spanier ging während dieses Bereicherungsrausches ohne Abendessen ins Bett. Damals wurden die Bedingungen geschaffen für den Haß und die Massenschlächterei des Bürgerkrieges und der Franco-Diktatur.

*

Bei der Neubildung einer Regierung im Spätsommer 1931 beauftragte Ministerpräsident Maura den katalanischen Politiker, Rechtsanwalt und Industriellen Cambó, das Finanzministerium zu übernehmen. Der große spanische Schriftsteller Salvador de Madariaga sagt über Cambó, »zweifellos war er das größte politische Talent von Katalonien, und, vielleicht, von Spanien«.
Cambó schaute in die Bücher des vorangegangenen Haushaltsjahres. Er fand 165 000 Peseten als Einnahme aus der Tabaksteuer, statt der vierzig bis fünfzig Millionen, die ohne den illegalen Handel zu erwarten gewesen wären. Er schwor, dem Staatsräuber das Handwerk zu legen. In den vorangegangenen Jahren waren die konfiszierten Schiffe öffentlich versteigert worden. Meist hatten Marchs Agenten die Tatwerkzeuge zum niedrigen Auktionspreis zurückgekauft. Der neue oberste Chef des Staatstabaks schenkte die schönen, schnellen Boote der Marine und den Zollbehör-

den, die übrigen ließ er verbrennen. Der Tabakkrieg wurde zum national diskutierten Spektakel. Cambó ließ mehrere hohe Offiziere des Küstenschutzes einsperren, er drohte, das ganze Corps aufzulösen und neue Einheiten aufstellen zu lassen. Die Zöllner entdeckten bald wieder mehr Schiffe mit schwarzem Tabak. Die schlimmen Zahlen in den Haushaltsbüchern schönten sich ein wenig auf. Als Cambó knapp über die erste Einnahme-Million vorgedrungen war, mußte er mit seiner Regierung gehen. Die Nachfolger waren weniger daran interessiert, es sich mit dem Bankherrn zu verderben. Der Staat verlor diesen Kampf schließlich.

Inzwischen war March so reich geworden, daß er sich – gemäß der Wahrheit, daß Politik die Fortsetzung der Wirtschaft mit anderen Mitteln ist – jetzt auch um die Arbeit der Abgeordneten in Madrid kümmern mußte. Es war für ihn nicht schwierig, sich in das Hohe Haus wählen zu lassen. Die Bevölkerung der Insel Mallorca war seine Hausmacht. Ideologisch wedelte er eine Weile. Vom Konservativen zum Förderer der Sozialisten und in der letzten Phase der zweiten Republik zum Linksliberalen. Die Sozialistische Partei, der er in Palma ein luxuriöses »Haus des Volkes« hatte bauen lassen, versuchte ihn daran zu hindern, seinen Abgeordnetenplatz im Parlament einzunehmen. Abgeordnete verschiedener Parteien wollten ihn vor Gericht zitieren lassen. Nicht nur wegen der illegalen Importe. Was viele Menschen gegen ihn aufbrachte, war seine Verwicklung in einen Mordfall. Am 29. September 1916 fand man die Leiche von Francisco Garau, dem Sohn seines Kompagnons. Er war auf einer Straße in Valencia an sechzehn Messerstichen verblutet. Ein Staatsanwalt erhob Klage, überzeugt, daß der Geldmagnat die Mörder angestiftet und bezahlt habe. Der Untersuchungsrichter hatte die Ermittlungen bereits abgeschlossen und wollte den Prozeß eröffnen. Er wurde ohne plausible Begründung in eine andere Stadt versetzt, auf Weisung des Justizministeriums in Madrid. Der Nachfolger stellte das Verfahren ein. Die Familie Garau, die immer behauptet hat, March sei der Mörder ihres Sohnes, erreichte, daß sich ein zweites Mal ein Richter bereit fand, das Verbrechen aufzuklären. Es erging ihm nicht anders als dem Vorgänger.

Nach einer Zwischendiktatur des Generals Primo de Rivera, der erst verkündet hatte, er werde Juan March, sobald er seiner habhaft geworden sei, erschießen lassen, und diesen dann wegen einiger außenpolitischer Probleme um Hilfe anging, wählten die Spanier, verbittert durch die Umverteilungsarmut seit den Weltkriegsjahren, eine weit links stehende Regierungsmehrheit. Zum erstenmal war Spanien mächtiger als March. Die Kommunisten und Sozialisten sperrten ihn ein. Er saß, über ein Jahr, relativ komfortabel im Gefängnis. Anfang November 1933 machte er den Direktor und die Vollzugsbeamten zu seinen Gehaltsempfängern und floh mit ihnen nach Gibraltar. Die Republik hatte viele Feinde, die sich von einer Militärdiktatur mit Franco erhofften, ihre alten Vorrechte wiederzugewinnen. Der gefährlichste Feind war nun der Mann aus Santa Margalida, dessen Vater, wie der Schriftsteller Vigoleis Thelen behauptete, noch immer nach alter mallorquiner Art mit Rute und Steinwürfen seine Schweine hütete. Der Sohn zahlte die ersten großen Rechnungen für Waffenkäufe der Putschistengenerale aus Nordafrika. Es gibt viele Gründe zu behaupten, ohne die mit »Juan March« unterschriebenen Schecks hätten die Faschisten keine Chance gehabt, den Spaniern vierzig Jahre Diktatur aufzuzwingen. Bis zu dem Tag, an dem Franco sich den Weg zum Regierungspalast in Madrid freischießen ließ, hatte der Krösus Eisenbahnlinien, Erzgruben, Ölraffinerien, Schiffahrtslinien, zahllose Fabriken und einige Banken eingekauft.

*

Auf einer jener schnurgeraden Asphaltstraßen, die sich auf der zentralen Hochebene über viele Kilometer hinziehen, fuhr der Chauffeur den Rolls-Royce in einen entgegenkommenden Wagen. Kurz zuvor war leichter Regen auf den rötlichen spanischen Staub gefallen. Ein Tritt auf die Bremse beendete dieses Leben im 83. Jahr. March wurde in einem Pantheon beigesetzt, einem Todespalast, den er sich in Palma hatte bauen lassen.

Die Paläste, die er zu Lebzeiten benutzte, stehen in Madrid, Paris, Genf, an der Côte d'Azur, in Palma und in Cala Ratjada. Zwei Söhne erbten, einer ist noch am Leben. Er, Bartolomé, ist an Geschäften nicht sonderlich interessiert, sammelt Kunstwerke und verhilft durch eine Stiftung Künstlern zu einem angenehmeren Leben.

Schon der Vater hatte auch Gutes getan. Die Juan March Fundación in Madrid bringt mallorquinische Schweine zu späten Ehren. Sie vergibt Stipendien, ernährt Maler, Bildhauer, Musiker und Dichter und finanziert wissenschaftliche Forschungsprojekte.

Eine der größten kulturellen Kostbarkeiten Europas, die Biblioteca March, steht in Palma. Sie ist ein Geschenk der Familie an ihre Insel. Ihre schönen Räume enthalten alle Publikationen, die jemals über Mallorca erschienen sind, frei zugänglich für jedermann – außer der Juan-March-Biografie von Manuel D. Benavides.

Eine kleine Kostbarkeit

Eine amüsante, unterhaltsame Geschichte. Ein schönes Buch, weil die Illustrationen hintersinnig und farbenfroh bebildern.
Deutsches Allgemeines Sonntagsblatt

Roger Anderson spiegelt den Kulturbetrieb in einer Art, die an La Fontaine erinnert. Vollends für ein hintersinniges Vergnügen sorgt Katharina Joanowitsch mit ihren liebevoll ironischen, pfiffigen Illustrationen. Sie macht dieses kleine Buch so köstlich, daß man's kostbar nennen könnte.
Buch Journal

Eine unterhaltsame Geschichte, ein schönes Buch, lesbar nicht nur für arme Hunde, sondern ebenso für Menschen, die ihrer Phantasie gerne freien Lauf lassen.
Norddeutscher Rundfunk

80 Seiten, gebunden

RASCH UND RÖHRING
VERLAG